Ausdrucksweise verbessern & Wortschatz erweitern

Wie Sie zum Meister der Kommunikation, Rhetorik und Körpersprache werden und jeden Smalltalk mit brillanter Wortakrobatik dominieren (inkl. Übungen)

INHALT

Vorwort

Unser erstes Mittel der Kommunikation ist nicht die Sprache, es ist unser Körper. Die Mimik und Gestik sind lesbar und interpretierbar und kann interessante Dinge über das Gegenüber verraten. Jedoch ist das meistgenutzte Kommunikationsmittel zwischenmenschlicher Interaktion die eigene Sprache. Der Mensch nutzt Worte, um all das zu beschreiben, was er sieht, was in ihm passiert, was untereinander ausgetragen wird und noch vieles mehr.

Die eigene Sprache wird in frühester Kindheit erlernt und bewusst gesteuert. Ganz nach dem alten Sprichwort, „Erst denken, dann reden", kann der Mensch genau entscheiden, was er sagt, wie er es ausdrückt und welche Wirkung er damit erzielt. Andersherum kann die sprachliche Ausdrucksweise auch detaillierte Informationen über einen Menschen geben, beispielsweise kann anhand von Dialekten und der eigenen Wortwahl die Region bestimmt werden, aus der der Sprechende stammt. Es kann ebenso zurückgeschlossen werden auf das soziale Umfeld und auch auf den eigenen Charakter.

Es ist von großem Vorteil, dass der Mensch seine eigene Sprache bewusst steuert. So ist es möglich, immer neue Begrifflichkeiten und Redewendungen zu erlernen und seinen eigenen Wortschatz unaufhörlich zu erweitern und somit die eigene Sprache und Ausdrucksweise zu verbessern. Eine gehobene, sichere Ausdrucksweise ist die Grundlage von rhetorischen Strategien, das Bedürfnis zu erfüllen, sich selbst überzeugend, selbstbewusst und wirkungsvoll darzustellen und den Gesprächspartner von sich einzunehmen und zu überzeugen. Eine Fähigkeit, die einem nicht nur bei Bewerbungsgesprächen von Nutzen sein wird.

Dieses Buch wird Ihnen dabei helfen, Ihr Gegenüber sprachlich wortgewandt um den Finger zu wickeln.

Einleitung

Ihr Ziel ist es also, den eigenen Wortschatz zu verbessern, rhetorische Strategien zu entwickeln und sich distinguierter auszudrücken? Dabei kann Ihnen dieses Buch eine hervorragende Hilfe sein.

Beginnen Sie sogleich in der Einleitung damit, sich Worte anzueignen - entweder durch das Lesen oder das Zuhören. „Distinguiert" ist ein Adjektiv und seine Bedeutung legt der Duden folgendermaßen dar: *„sich durch Gewähltheit besonders in Kleidung, Formen des Umgangs u. Ä. von anderen abhebend, unterscheidend.*"[1] Distinguiert bedeutet auch, sich betont vornehm zu verhalten.

Spätestens wenn Sie mit dem Lesen des letzten Kapitels abgeschlossen haben, können Sie selbstbewusster auftreten, wortgewandter vortragen und schlagfertiger reagieren. Das Wissen darum, Ihrem Gegenüber sprachlich überlegen zu sein, gibt Ihnen die Gelassenheit, die nötig ist, um andere von Ihnen zu überzeugen. Nutzen Sie dieses Werk als Lernmaterial sowie als Nachschlagewerk für Ihre fachliche Ausdruckskompetenz. Dies hilft Ihnen dabei, die sprachlichen Anforderungen Ihres Berufes, wie beispielsweise Präsentationen, Meetings und Vorträge, selbstbewusst und locker zu absolvieren. Ihre Zuhörer werden Ihre sprachliche Sicherheit honorieren und Ihnen gern und konzentriert lauschen.

In diesem Buch erwarten Sie verschiedene Abschnitte, die Sie schrittweise absolvieren und er-lernen können. Den Beginn bildet hierbei eine kurze Erklärung und ein sprachlicher Rückblick bis hin zu den Anfängen der menschlichen Sprache und ihrer umfassenden Bedeutung und was Sie mit einer gehobenen Ausdrucksweise automatisch an Ihre Umwelt kommunizieren. Sie wer-den lernen, die Körpersprache anderer zu analysieren und Ihre eigene Gestik und Mimik mit Ihren Worten zu synchronisieren, um ein geschlossenes, selbstsicheres Auftreten zu bekommen. Außerdem lernen Sie, Ihr eigenes Mindset richtig einzuschätzen und effektiv an ihm zu arbeiten, denn jeder Gedanke und so auch jedes Wort beginnt im Kopf. Mit dem passenden Mindset, der passenden

[1] https://www.duden.de/rechtschreibung/distinguiert

Überzeugung, können Sie mehr erreichen, als Sie sich erträumen lassen.

Neben dem theoretischen Wissen, das dieses Werk Ihnen vermittelt, werden Sie in praxisbezogenen Kapiteln lernen, sympathisch und souverän Gespräche zu führen - vom Smalltalk bis hin zur geschäftlichen Präsentation oder dem wichtigen Vorstellungsgespräch. Sie werden lernen, welche rhetorischen Mittel sich für welche Gespräche eignen, und wie Sie gekonnt artikulieren und Ihren Wortschatz effektiv erweitern, hierzu finden Sie in diesem Werk eine Liste an Fremdwörtern mit Beispielen zu ihrer Verwendung.

Abschließend werden Ihnen praktische Übungen vorgestellt, mit denen Sie das Wissen aus diesem Ratgeber direkt und unverblümt anwenden können.

Im letzten Kapitel dieses Buches „Praktische Übungen und Tipps für Zuhause“ finden Sie eine Reihe nützlicher, praxisbezogener Tipps, um Ihre eigene Ausdrucksweise zu verbessern und zu verfeinern. Diese Übungen sollen Ihnen dabei helfen, das in diesem Buch theoretisch erlangte Wissen gewinnbringend in die Praxis umzusetzen.

Alle in diesem Buch erwähnten Fachbegriffe und Begrifflichkeiten, die weniger geläufig und bekannt sind, sind am Ende dieses Buches im Stichwortverzeichnis registriert. Werfen Sie gern direkt einen Blick hinein, um sich damit vertraut zu machen und das Wort „registrieren“ nachzuschlagen. Fehlt Ihnen dennoch einmal die Bedeutung verschiedener Wörter oder Phrasen, sind diese ganz einfach im Duden nachzuschlagen. Dazu können Sie gerne das Komplettwerk aus Papier zur Hand nehmen oder Sie nutzen die Internetseite www.duden.de, um dort mit der einfachen Suchfunktion in Windeseile fündig zu werden.

Viel Erfolg auf Ihrer Reise zu einer besseren Ausdrucksweise!

Die Macht der Worte

Worte haben Macht, dieser Tatsache ist nicht zu widersprechen. Je nachdem, welche Worte Sie wählen, honorieren Sie Ihr Gegenüber oder würdigen ihn oder sie. Andererseits können Sie ihn auch herabsetzen und durch den Gebrauch gewisser Worte und Redewendungen herabwürdigen, diffamieren, in Verruf bringen und beleidigen.

Dieses Kapitel erklärt kurz und knapp, warum die menschliche Sprache so wichtig ist, welche Wirkung sie entfalten kann und vor allem, was Sie erreichen können, wenn Sie sich eine gehobene Ausdrucksweise aneignen.

DER MENSCH UND DIE SPRACHE

Niemand kann mit Sicherheit einen Nachweis liefern, wann genau sich die menschliche Sprache entwickelt hat und wie dieser Prozess vonstattenging. Forscher haben dennoch Anhaltspunkte gefunden und können die Entwicklung der Sprachzentren im menschlichen Gehirn etwa auf den Zeitraum vor 2 Millionen Jahren festlegen.

Evolutionäre Entwicklung der menschlichen Sprache

Paläanthropologie, dieses Wort beschreibt die Forschungsrichtung, die es sich zum Ziel gemacht hat, die Entwicklung der menschlichen Sprache bis ins kleinste Detail nachzuvollziehen. Dahinter verbirgt sich die Wissenschaft von den alten, stammesgeschichtlichen frühen Menschenrassen (Hominiden). Die Paläanthropologen beschreiben eine Ausbildung der Sprachzentren vor etwa zwei Millionen Jahren. Diese Zentren tragen die Namen „Broca" und „Wernicke" und deren Aus-bildung kann anhand von Innenausgüssen des Gehirns nachgewiesen werden. Somit ist die Entwicklung der Sprachzentren zwar nachzuweisen, doch es bleibt weiterhin ein Geheimnis, inwiefern dies eine Sprache war, die sich mit der heutigen, abstrakten Sprache vergleichen lässt.

Ungefähr zur selben Zeit begann das Kleinhirn, sich zu vergrößern. Das Kleinhirn ist im menschlichen Organismus für die Motorik und die

Feinkontrolle zuständig. Da für den Gebrauch von Sprache eine besonders feine Motorik-Kontrolle notwendig ist, ist anzunehmen, dass diese Entwicklung sich mit der Entwicklung der Sprachzentren deckt. Unser aller Vorfahren von vor 2 Millionen Jahren hatten also bereits die anatomischen Voraussetzungen für die Sprachfähigkeit vorliegen, inwiefern diese genutzt wurden, bleibt rätselhaft.

Die Fähigkeit zur symbolhaften, abstrakten Sprache ist deutlich in der jüngeren Vergangenheit anzusiedeln. Den frühen Menschen war es, nach den Ergebnissen der Sprachforschung, nicht möglich, Worte und Sprache zu gebrauchen, so, wie wir es gewohnt sind. Sie konnten die Sprache stattdessen als eine Aneinanderreihung von Ausdrücken und bestimmten Stimmlauten nutzen und sich so rudimentär verständigen. Die abstrakte Art der Sprache, also mit Worten Neues zu erfinden und kreativ zu sprechen, wird von Forschern etwa auf die Zeit vor 30.000 bis 40.000 Jahren datiert. Die Entwicklung des modernen Menschen, des Homo sapiens, geschah etwa vor 200.000 Jahren. Damit ist die abstrakte Sprache, wie sie heute gebraucht wird, sogar noch deutlich jünger. Es wird theoretisiert, dass die Entstehung der Sprache zusammenfiel mit dem Auftauchen erster von Menschenhand geschaffener Kunstwerke.

Eine weit verbreitete Theorie der Sprachforscher ist es, dass die Entstehung der Sprache auf einer Genmutation beruhen könnte. Das verantwortliche Gen heißt FOXP2-Gen. Neueste Forschungen beschäftigen sich intensiv mit dem Gen und seiner Bedeutung.

Die Entwicklung der menschlichen Sprache im kulturellen Zusammenhang

Mit dem Entstehen der menschlichen Sprache wurde der Grundstein für eine abstrakte Kommunikation gelegt. Durch die Ausbreitung des Menschen, der nach und nach die gesamte Welt besiedelte, entstanden räumlich getrennte Zivilisationsgruppen, deren Art der Sprache sich nach und nach veränderte und anpasste. So sind die verschiedenen Sprachen, Sprachmuster und auch Dialekte entstanden. Diese Entwicklung geht deutlich schneller vonstatten als die biologische Evolution, die Weiterentwicklung von Genmaterial, die über viele Generationen und Jahrhunderte hinweg geschieht.

Sprache ist hierbei schnelllebiger und in ihrer Entwicklung rasanter. Sie geht zumeist einher mit der kulturellen Entwicklung der Menschen, da die Sprache als Transportmedium von Informationen benutzt und gewürdigt wird. Damit entwickelt sich die Sprache und die Kultur von Generation zu Generation weiter, es entstehen neue Worte oder aus einem anderen Sprachgebrauch werden Worte übernommen oder sogar in ihrer Bedeutung verändert.

Wie Kinder die Sprache erlernen

Schon im Alter von drei Jahren können Kinder einzelne Worte und einfach gebaute Sätze verstehen. Das Schema der Sätze ist in der Sprache allerdings variabel und kann umgestellt werden. Einfachste Sätze lauten nach dem Schema: Subjekt - Prädikat - Objekt. Also beispielsweise: Die Amsel frisst das Futter.

Die Amsel bildet hier das Subjekt, das ist derjenige Teil des Satzes, welcher mit der typischen Frage nach dem „Wer oder Was?“ erfragt wird. Das Prädikat berichtet über die Tätigkeit, in diesem Fall wird das Prädikat durch das Verb „fressen“ gebildet. An letzter Stelle steht das Objekt, in diesem Fall „das Futter.“

Erst ab einem Alter von etwa sieben Jahren gelingt es den Kindern, auch Sätze mit einem komplizierteren Satzbau tatsächlich zu verstehen und diese auch fehlerfrei wiedergeben zu können. Das Gehirn und damit die Sprachfähigkeit entwickeln sich also stetig weiter und werden von außen stark beeinflusst. So lernen Kinder die Sprechmuster ihrer Eltern und ihres Umfeldes besonders schnell und einfach und übernehmen bestimmte Begrifflichkeiten und Redewendungen.

Hier lohnt sich erneut der Blick auf die verschiedenen Sprachareale im menschlichen Gehirn. Die Wernicke-Region ist bereits vor der Geburt aktiv. Angesiedelt ist die Region im linken Schläfenlappen und ist damit Teil des Großhirns. Sie ist dafür verantwortlich, einzelne Silben und Laute voneinander zu trennen und deren Bedeutung einzuordnen. Sie bewertet die Aneinanderreihung von Silben danach, ob diese bestimmten Worte und Bedeutungen ergeben.

Die Broca-Region sitzt im Stirnbereich des Großhirns und wird zirka ab dem dritten Lebensjahr aktiver. Diese Region ist verantwortlich für die Verarbeitung der komplexen Sätze und Satzmuster. Die Broca-Region ist dafür zuständig, den Sinn in die gehörten Worte und Sätze hineinzuinterpretieren. Je mehr Input die Broca-Region bekommt, desto stärker bilden sich ihre Neuronen aus und vernetzen sich untereinander. Eine intensive Vernetzung der Neuronen zeugt hierbei von einem gut ausgebildeten und intensiv trainierten Hirnareal.

Zuletzt gibt es noch die Verbindung zwischen den beiden Spracharealen. Diese Verbindung trägt den Namen Fasciculus arcuatus und ist ein Strang aus Nervenfasern. Die Verarbeitung komplexer Sätze ist stark an die Ausprägung dieses Nervenbündels geknüpft, denn je schneller hier die Reizübertragung stattfinden kann, desto leichter können komplex gebaute Sätze verstanden werden. Wie schnell letztendlich die Informationen übertragen werden, hängt davon ab, wie dick die Myelinschicht um die Nervenfasern ausgebildet ist. Dies ist vergleichbar mit der Isolierung von Kupferkabeln, um die eine dicke Schicht aus isolierendem Gummi liegt. Je dicker eine Nervenfaser mit Myelin „isoliert" ist, desto schneller passiert die Reizübertragung. Die Isolierung des Fasciculus arcuatus ist etwa mit dem Abschluss der Pubertät beendet.

DIE WIRKUNG DER SPRACHE

Durch die Assoziation, also die Verknüpfung eines bestimmten Wortes und eines Gegenstandes oder einer Handlung sind auch Hunde und Menschenaffen in der Lage, die menschliche Sprache zu verstehen und anhand dieser zu agieren. Die Sprache, die die Menschen zur Kommunikation untereinander nutzen, ist von der Gabe geprägt, Wörter anhand von bestimmten, durch die Grammatik vorgegebenen, Regeln aneinanderzureihen und ihnen so einen höheren Sinn zu geben. In diesem Moment ist es nicht nur das Wort selbst, welches zur Kommunikation genutzt wird, sondern es ist der Verbund verschiedener Wörter, die Sätze, Absätze und die gefüllten Seiten, die eine Botschaft vermitteln. Die Interpretation der genutzten Worte ist also von entscheidender Bedeutung.

Es ist wichtig, sich darüber im Klaren zu sein, dass Ihr Gegenüber das von Ihnen Gesagte auf seine eigene Art und Weise interpretieren, also deuten und auslegen wird. Je unsicherer Sie im Sprachgebrauch sind und desto schwammiger Sie sich ausdrücken, desto mehr Spielraum für Interpretation und individuelle Auslegung stehen Sie Ihrem Zuhörer zu. Das führt zwangsläufig dazu, dass die von Ihnen getätigte Aussage in nicht seltenen Fällen fehlverstanden, fehlinterpretiert wird. Ihnen werden die eigenen Worte im Mund umgedreht, Ihr Zuhörer wird sich das zusammenreimen, was er hören wollte, statt die Aussage so aufzunehmen, wie Sie sie tätigen woll-ten. Je sicherer Sie darin sind, Ihre Sprache zweckmäßig und scharf auf den Punkt zu nutzen, desto weniger Spielraum lassen Sie für Interpretationen und desto mehr wird die von Ihnen beabsichtigte Aussage auch bei Ihren Zuhörern ankommen.

In der Wissenschaft der Sprache, der Linguistik, gibt es den Teilbereich der Semantik. Dieses Gebiet beschäftigt sich mit der Bedeutung der Sprache, von sprachlichen Zeichen und Zeichen-folgen. Das Ziel, das Sie mit diesem Buch verfolgen, ist es, mehr Wissen auf dem Gebiet der Sem-antik anzuhäufen und damit das individuelle Wissen über die Bedeutung einzelner Wörter zu erweitern. Nur wer Umfassendes weiß, kann Gesagtes und Geschriebenes richtig deuten.

GEHOBENE AUSDRUCKSWEISE – WAS MACHT SIE SO WICHTIG?

Die Ausdrucksweise beschreibt Ihre ganz persönliche Art, Worte und Redewendungen zu nutzen, und definiert dabei auch die Art, wie Sie diese nutzen, wie Sie sie aussprechen und betonen. Sie umschreibt damit die Wirkung Ihres Auftretens. Sie werden anhand dessen von den Menschen um Sie herum beurteilt und in eine Schublade gesteckt. Durch eine gehobene, eloquente Ausdrucksweise sichern Sie sich einen Platz in derjenigen Schublade, die Sie betreten möchten. Sie werden den Eindruck hinterlassen, den Sie beabsichtigt haben.

Eloquent ist ein Adjektiv des gehobenen Sprachgebrauchs und bedeutet „beredt, wortreich und ausdrucksvoll.“ Somit beschreibt es auf ausdrucksstarke Weise, dass Sie einen reichen Wort-schatz haben.

Ausdrucksweise – was ist das überhaupt?

Die Ausdrucksweise wird im Duden definiert als die „Art des mündlichen oder schriftlichen Ausdrucks.“ Als Teil davon wird die Diktion genannt, welche sich darstellen lässt als der eigene Redestil und der eigene Schreibstil. Die Diktion beschreibt dabei vermehrt die Wortwahl und den Satzbau, dessen Verknüpfung und Rhythmus.

Ergänzend zur Diktion steht die Manier und gemeinsam ergeben diese beiden die eigene Ausdrucksweise. Die Manier beschreibt die „charakteristische Art und Weise, wie sie zu jemandem, etwas gehört."[2] Mit der Manier wird also Ihr ureigenes Sprachmuster ebenso erfasst wie durch Ihre Diktion, Ihre Wortwahl, den von Ihnen angewendeten Satzbau und die Verknüpfung aller rhetorischen und sprachlichen Mittel.

Anpassung und Veränderung der eigenen Ausdrucksweise

Ihre eigene Ausdrucksweise können Sie stetig verändern und anpassen, dies ist auch der Zweck dieses Buches. Schon als Kleinkind im Schoß der Familie und später in Kindergarten und Schule wird die Ausdrucksweise stark geprägt. Sie lernen das, was Sie ständig wahrnehmen, und über-nehmen so bewusst und vor allem auch unbewusst besondere Sprachmuster. Schimpfwörter beispielsweise, die vorwiegend in der Pubertät in der Schule übernommen werden, etwa von Klassenkameraden oder den älteren Mitschülern, die in den Pausen beobachtet werden.

Auch durch Fernsehen und vor allem durch die Lektüre von allerhand Büchern wird die eigene Ausdrucksweise beeinflusst - zum Besseren, aber in Einzelfällen auch zum Schlechteren. Hier lohnt sich ein kritischer Blick in Ihre Vergangenheit und die Verhältnisse, in denen Sie großgeworden sind. Welche Sprachmuster haben Sie sich damals angeeignet? Wie schätzen Sie diese ein? Positive Ausdrucksweise sollte erhalten werden, Ausdrücke, Wörter und Redewendungen, die Sie als negativ bewerten, sollten Sie aus Ihrem Wortschatz streichen und sich Alternativen hierzu zurechtlegen. Der Gebrauch der Alternativen will ebenfalls gelernt sein. Es gehört einige Gewöhnung dazu, auch im fließenden, ungezwungenen Gespräch von alten Mustern Abstand zu nehmen und stattdessen andere Redewendungen und Worte zu verwenden.

Sobald Sie sich an die eigene Umstrukturierung Ihrer Ausdrucksweise gewöhnt haben, kommen Ihnen die Worte wie von selbst über die Lippen, ohne dass Sie lange darüber nachdenken müssen. Dies ist das Ziel sämtlicher Übungen und Lektüren: der intuitive, selbstverständliche Ge-brauch gehobener Ausdrucksweise.

---

[2] https://www.duden.de/rechtschreibung/Manier

WAS SIGNALISIERT DIE AUSDRUCKSWEISE?

Einen hohen Bildungsgrad

Ihr Wunsch und Ziel ist es, einen guten Eindruck zu hinterlassen. Entweder im Job, im Privatleben oder sogar bei einem Date. Dieser gute Eindruck ist unwiederbringlich an Ihr Auftreten geknüpft und somit auch an Ihre Ausdrucksweise. Erinnern Sie sich immer daran, dass die von Ihnen verwendeten Worte und Begrifflichkeiten auf Ihre Bildung, Ihre Herkunft, Ihr soziales Umfeld und sogar auf Ihre eigene Einstellung, Ihr Mindset, schließen lassen.

Nutzen Sie gehobene Ausdrücke, suggerieren Sie Ihrem Gegenüber einen hohen Bildungsgrad Ihrerseits. Und rein psychologisch ist es erwiesen, dass der Mensch lieber einem gebildeten Mitmenschen vertraut als einem ungebildeten Proleten, also einem Menschen ohne Umgangs-formen und soziale Kompetenz.

Ein hohes Selbstbewusstsein

Letztendlich hängt Ihre Ausdrucksweise auch sehr stark von Ihrem eigenen Selbstbewusstsein ab und eine gehobene Ausdrucksweise kann auf der anderen Seite Ihr Selbstbewusstsein positiv beeinflussen und es wachsen lassen. Selbstbewusste Personen sind attraktiver, ihnen wird gern zugehört und es fällt ihnen leichter, Aufmerksamkeit zu erregen. Nun sind Sie vielleicht von vornherein ein selbstbewusster Typus und es fällt Ihnen deshalb nicht schwer, Blicke auf sich zu ziehen. Hier hilft Ihnen eine gehobene Ausdrucksweise dabei, diese Aufmerksamkeit, die Sie generieren, umzusetzen und für Ihre eigenen Zwecke zu nutzen. Sind Sie eher der introvertierte Typus, können Sie durch passend gewählte Worte und Begrifflichkeiten im Gespräch auftrumpfen und so nach und nach auch Ihr eigenes Selbstbewusstsein steigern und festigen.

Eine hohe Schlagfertigkeit

Der Duden definiert: Schlagfertigkeit – „Fähigkeit, schnell und mit passenden, treffenden, witzigen Worten auf etwas zu reagieren.“[3] Sie reagieren also teilweise schon instinktiv, ohne vorher darüber zu reflektieren, was Ihre Reaktion

---

[3] https://www.duden.de/rechtschreibung/Schlagfertigkeit

bewirkt oder bei Ihrem Gegenüber auslöst. Schlagfertige Kommentare überraschen Ihr Gegenüber, nehmen Ihm oftmals den Wind aus den Segeln, lockern die Situation auf und gelten allgemein als intelligent, geistesgegenwärtig und sogar attraktiv. Unter anderem auch in Comedy-Serien oder im Kleinkunst-Bereich live auf der Bühne vor Zuschauern wird die Schlagfertigkeit sehr hoch geschätzt und schlagfertige Künstler werden allgemein von einer größeren Fangemeinde begleitet.

Schlagfertige Antworten können also zwei grundlegende Ziele verfolgen: Sie können entertainen, also unterhalten, oder Sie können damit provokativ die Macht über das Gespräch an sich nehmen und Ihr Gegenüber in seine Schranken weisen.

Schlagfertigkeit kann erlernt werden. In Coachings und Fachkreisen wird dieser Bereich auch bezeichnet als „provokative Rhetorik" und er zielt darauf ab, einen Gesprächspartner, der Sie durch Worte demütigen oder verunsichern möchte, auf selbstbewusste und humorvolle Art zu entwaffnen. Sind Sie derjenige oder diejenige mit der schlagfertigen Antwort, gehen Sie in nahe-zu allen Fällen als Sieger aus dem Gespräch hervor, egal, wie es begonnen hat.

Schlagfertigkeit darf nicht beleidigend oder verletzend werden. Seien Sie sich immer bewusst, wen Sie vor sich haben. Im eigenen Freundeskreis können Sie flapsige, lapidare oder sogar anzügliche Bemerkungen durchaus fallen lassen, Sie kennen Ihre Freunde gut genug, um zu wissen, ob diese sich dadurch kränken lassen, oder ob sie Ihren Humor teilen. Im geschäftlichen Bereich bleiben Sie jedoch stets höflich und respektvoll. Nutzen Sie Ihre Schlagfertigkeit niemals, um zu beleidigen, oder Ihren Gegenüber unter der Gürtellinie zu treffen. Dies zeugt nicht von einer gehobenen Ausdrucksweise, sondern von kindlichem Gemüt, Unsicherheit und einem schlechten Charakter.

WIE TRAINIEREN SIE IHRE AUSDRUCKSWEISE?

Nutzen Sie alle Hilfsmittel, die Ihnen für Ihre eigene Ausdrucksweise zur Verfügung stehen. Beginnend zu nennen ist hier die Intonation, mit der Sie vortragen, doch auch die im vorherigen Kapitel erwähnte Schlagfertigkeit lässt sich erlernen und effektiv trainieren.

Die eigene Intonation verbessern

Unter Intonation versteht man die Betonung, mit der Sie bestimmte Dinge aussprechen. Wenn Sie voller Elan, Freude und Enthusiasmus über etwas vortragen können, so sind Ihre Zuhörer ebenfalls leichter davon zu begeistern. Sie stecken sie mit Ihrer eigenen Euphorie an und sorgen dafür, dass sie Ihre Idee ebenso brillant finden. Eine monotone Sprechweise wirkt einschläfernd und langweilt Ihr Publikum besonders schnell. Üben Sie also Ihre Art, zu sprechen, entweder vor dem Spiegel oder mit Hilfe eines Aufnahmegerätes. Heutzutage ist es besonders einfach, auf dem Handy Tonaufnahmen zu generieren und sich diese im Nachgang anzuhören. Lesen Sie laut vor und versuchen Sie dabei, die Betonung zu variieren, also zu verändern. So können Sie nach und nach Ihre Intonation verbessern.

Die eigene Schlagfertigkeit verbessern

Was die Schlagfertigkeit ist, haben Sie bereits im vorherigen Unterkapitel gelesen. Schlagfertigkeit kommt immer wie aus der Pistole geschossen, was es einigermaßen schwer macht, diese von Grund auf zu erlernen. Es ist jedoch bei weitem nicht unmöglich.

Nutzen Sie beispielsweise die Zustimmung zum Gesagten als Technik, schnell und schlagfertig reagieren zu können. Provokative Aussagen werden Ihnen oft mit der Intention begegnen, Sie aus dem Konzept zu bringen oder zu reizen. Indem Sie nun mit lockeren Worten der Aussage zustimmen, überraschen Sie Ihren Gesprächspartner und entschärfen gleichzeitig die Situation auf souveräne und eindrucksvolle Art. Dabei stimmen Sie nicht einfach mit einem Nicken und einem kurzen „Ja" dem Gesagten zu, sondern geben ihm anhand eigener Vorgaben eine andere Auslegung, eine andere Bedeutung. Ein Beispiel hierzu: „Na, Sie haben aber in Ihrem Urlaub dem Buffet reichlich zugesprochen." Eine mögliche Antwort: „Aber natürlich! Die Investition muss sich ja gelohnt haben. Ich war schließlich nicht in (Urlaubsort, zum Beispiel: Santorini), um Diät zu halten!" Sie entschärfen damit nicht nur die kleine Frotzelei, dass Sie möglicherweise im Urlaub zugenommen haben, sondern erklären gleichzeitig, dass Sie dort eine wundervolle Zeit hatten, sich gut erholt und hervorragendes Essen genossen haben.

Statt Ihrem Gegenüber zuzustimmen, können Sie ihm auch umkehrend antworten, dabei verwandeln Sie seine Bemerkung in das Gegenteil und kontern quasi mit den eigenen Mitteln. Hier-zu gibt es ein sehr berühmtes Beispiel von Winston Churchill und einer britischen Abgeordneten, Lady Astor. Diese sagte: „Wenn ich Ihre Frau wäre, dann würde ich Ihnen Gift in den Kaffee mischen!" Churchill antwortete darauf besonders schlagfertig und eloquent: „Und wenn ich Ihr Mann wäre, würde ich diesen Kaffee freiwillig trinken!" Eine humorvolle, schnelle Antwort, die Lady Astor sicherlich so nicht erwartet hat. Beachten Sie, dass diese Methode eher humorvoller ist und mehr anstoßen kann, als die Methodik, zuzustimmen. Hierzu sollten Sie Ihren Gegenüber also schon etwas kennen und seine Art von Humor einschätzen können. Sonst kann sich der Gesprächspartner schnell beleidigt fühlen und Sie verfehlen damit Ihr Ziel, durch Ihre Ausdrucksweise zu beeindrucken.

Für die Momente, an denen Ihnen einfach keine schlagfertige Antwort in den Sinn kommen will, gibt es eine besonders einfache Methode, zu reagieren: Sagen Sie einfach mal gar nichts. Dies will natürlich gelernt sein und Sie müssen für diese Erwiderung unbedingt Blickkontakt mit Ihrem Gegenüber halten. Am besten eignet sich die Methode, wenn Ihnen auf die Schnelle keine schlagfertige Antwort einfallen will. Anstatt sich selbst nun stammelnd und unsicher aus der Misere ziehen zu wollen, schweigen Sie und signalisieren Ihrem Gesprächspartner durch den stetigen Blickkontakt, dass Sie seinen Kommentar gehört haben, aber nicht beantworten werden. Zumeist sieht sich Ihr Gegenüber dann gezwungen, seine Aussage zu erklären, zu bekräftigen, und wird sich so in eine eigene Unsicherheit hineinreden. Ihnen bleibt währenddessen genug Zeit, sich eine schlagfertige Antwort zu überlegen und auf das Gestammel und Gestotter, das folgen wird, eloquent und wortgewandt zu antworten. Machen Sie sich bewusst, dass nicht alles, was gesagt wird, auch einer Antwort würdig ist. Manchmal ist es besonders eindrucksvoll, aus einem Gespräch einfach stillschweigend herauszugehen.

Für Verwirrung sorgen Sie durch die Antworttechnik der „Absurden Antwort". Hiermit können Sie auf Fragen Ihres Gegenübers gekonnt antworten, die Ihnen zu privat sind, oder die Sie aus anderen Gründen nicht wahrheitsgemäß beantworten wollen. Hier kann es eine gut funktionierende Taktik sein, Ihr

Gegenüber abzulenken. Das gelingt Ihnen, indem Sie eine vollkommen absurde Antwort geben, die mit der Frage oder der Thematik Ihres Gesprächs gar nichts zu tun hat und in sich unsinnig ist. Damit können Sie das Gespräch kontrollieren, die Frage abwehren und zurück zu Themen steuern, die Sie selbst vorgeben. So können Sie beispielsweise auf die Frage nach Ihren größten Ängsten mit etwas vollkommen Absurdem antworten, wie: „Ich habe Angst, dass es in der Nacht kälter ist als draußen im Freien." Nutzen Sie diese Technik nicht bei Vorstellungsgesprächen oder anderen wichtigen, geschäftlichen oder privaten Terminen. Ihr Gegenüber könnte sich davon sonst schnell verspottet oder auf den Arm genommen fühlen.

Kommentaren, die Sie im besonderen Moment als unpassend empfinden, können Sie mit der Übertreibungstechnik begegnen. So wird das Gesagte von Ihnen aufgenommen und mit einer deutlichen Übertreibung belegt, die klar macht, dass Sie das absolut nicht ernst meinen und den Kommentar für unangebracht hielten. So kann spontan und eindrucksvoll auf besorgte Ratschläge zur eigenen Gesundheit geantwortet werden. Angenommen, Sie sind leicht adipös, also zu dick, und Ihre Freunde bombardieren Sie regelmäßig mit dem gut gemeinten Ratschlag, doch endlich etwas für Ihre Gesundheit zu tun und etwas abzunehmen. Nehmen Sie den Ratschlag an und übertreiben Sie in die vorgeschlagene Richtung, beispielsweise indem Sie sagen: „Ja unbedingt, ich melde mich am besten gleich für den Marathon in drei Wochen an!" Somit geben Sie demjenigen, der Sie mit gut gemeinten, aber unangebrachten Ratschlägen überschüttet, ein deutliches Signal, Sie damit in Ruhe zu lassen.

Eine sehr beeindruckende Technik, die eigene Schlagfertigkeit unter Beweis zu stellen, ist die Übersetzungstechnik. Hier kehren Sie eine negativ behaftete Bemerkung in eine positive Bedeutung um und lassen sich selbst damit gut dastehen. Ein gutes Beispiel ist die gekonnte Reaktion auf die nicht besonders nett gemeinte Begrüßung: „Hallo, du Pfeife!" Antworten Sie hier souverän: „Es kann ja nicht immer alles nach deiner Pfeife tanzen, jetzt bin ich der Pfeifenführer." Sie drehen damit Ihrem Gesprächspartner im wahrsten Sinne des Wortes die eigenen Worte im Mund herum und wandeln seine negative Aussage zu einer für Sie positiven Aussage um.

Bisher sind die Techniken, die eigene Schlagfertigkeit zu verbessern, in den seltensten Fällen dazu geeignet, diese auch in Vorstellungsgesprächen oder in der zwischenmenschlichen Kommunikation mit dem Chef oder Vorgesetzten zu nutzen. Die Technik der Rückfragen ist hier also eine besonders wertvolle Methode, um auch in geschäftlichen Gesprächen die Kontrolle zu behalten und souverän zu agieren. Dabei gehen Sie auf das Gesagte ein, ohne eingeschnappt zu sein, oder sich haltlos in den Versuch zu verstricken, sich aus dem Vorwurf herauszureden. Antworten Sie stattdessen ehrlich mit einer Rückfrage, so zwingen Sie Ihren Gesprächspartner, seine Aussage zu präzisieren, also sie so umzuformulieren, sodass sie eindeutiger, und genauer ist als vorher. Sie bringen ihn damit in die Pflicht, sich zu erklären. Beispielsweise könnten Sie mit der Aussage konfrontiert werden: „Du bist ungeeignet, im Team zu arbeiten, du besitzt keinerlei Teamfähigkeit!" Anstatt nun zu versuchen, mit Gegenargumenten zu erklären, warum Sie eben doch teamfähig arbeiten können, stellen Sie die Gegenfrage, „Meinst du wirklich? Das hat mir bisher noch niemand gesagt. Woran ist dir das aufgefallen?" Sie signalisieren Ihrem Gesprächspartner nun ehrliches Interesse und schenken ihm Ihre Aufmerksamkeit.

Zuletzt soll die Vertagungstechnik noch kurz erklärt werden. Diese eignet sich besonders gut für Momenten, in denen Sie mit Ihrem Gesprächspartner nicht allein zugegen sind. Also beispiels-weise befinden Sie sich in einer Konferenz oder einem Vortrag und einer Ihrer Zuhörer konfrontiert Sie mit einer unangemessenen Frage, einem Vorwurf oder einem privaten Problem. Hier können Sie sich einfach und mit erwachsenen Mitteln Zeit erkaufen, indem Sie die Antwort „vertagen". Widmen Sie sich Ihrem verbalen Angreifer, indem Sie auf seinen Kommentar eingehen und sagen: „Der Zeitpunkt ist recht unpassend, aber sehr gern können wir nach dem Ende des Meetings unter vier Augen das Gespräch fortsetzen." Sie zeigen damit Ihrem Gesprächs-partner, aber auch den restlichen Teilnehmern des Meetings, dass Sie erwachsen und angemessen reagieren, den Einwand nicht ignorieren, sondern sich damit beschäftigen. Gleichzeitig nehmen Sie Ihrem Angreifer die Luft erstmal aus den Segeln und erkaufen sich selbst die Zeit, sich eine passende Antwort auf das Gesagte zurecht zu legen.

Die eigene Rhetorik verbessern

Der Duden definiert die Rhetorik mit drei Bedeutungen:

- Redekunst
- Lehre von der wirkungsvollen Gestaltung der Rede
- Lehrbuch der Redekunst

Sie sehen also, dass das Gebiet der Rhetorik sich allgemein mit der Kunst des Redens, der Kunst des Gestaltens Ihrer Rede und der Kunst der eigenen Art, zu reden beschäftigt. Im Altdeutschen wurde die Rhetorik definiert als die „bis zur Kunst hin gesteigerte Umgangsweise mit Worten." Heutzutage umfasst die Rhetorik aber nicht nur den Umgang und die Kenntnis von möglichst vielen, umgangssprachlichen bis hoch wissenschaftlichen Worten, sondern ebenfalls die Aspekte des Umgangs damit, die sprachliche Gestaltung, eine flexible Anwendungsmöglichkeit und damit ein sicherer Umgang in Gesprächen aller Art. Auch die Intonierung und die eigene Mimik und Gestik sind Teil der Rhetorik.

Wie Sie Ihre Rhetorik eindrucksvoll verbessern und den letzten Feinschliff anlegen, wird Ihnen in einem späteren Kapitel dieses Buches genauer dargelegt.

Der Einfluss des Auftretens

Ihnen ist, sicherlich nicht erst seit dem letzten Kapitel, bewusst, dass zu einer für Sie positiv aus-fallenden Einschätzung auch Ihre äußere Erscheinung und Ihr gesamtes Auftreten mit eingerechnet werden. Wie Sie sich verhalten und wie Sie sprechen, ist also im günstigsten Falle nicht gegensätzlich zu bewerten, sondern bildet eine Einheit. So gelingt es Ihnen, geschlossen und eindrucksvoll aufzutreten.

WAS IST KÖRPERSPRACHE

Als grundlegendes Gestaltungsmittel der Rhetorik zählt die Körpersprache zu demjenigen Kommunikationsmittel, das Sie kaum auswendig lernen können. Worte sind schnell gesponnen und Lügen leicht erzählt. Ihnen ist sicherlich schon mal aufgefallen, dass es leichter ist, zu flunkern, wenn Sie dabei nicht beobachtet werden können. Denn achtet Ihr Gegenüber sorgfältig auf die kleinsten Zeichen Ihrer Körpersprache, so kann er Lügen und Unsicherheiten recht leicht entdecken und so Ihre Worte und Aussagen in Zweifel ziehen. Daraus ergibt sich, dass Sie, um kompetent zu wirken, nicht nur eloquente Wörter benötigen, sondern eine sichere, starke Körpersprache, damit die von Ihnen beabsichtigte Botschaft auch wirklich ankommt.

Im Duden wird Körpersprache folgendermaßen definiert: „in Körperhaltung, Bewegung, Gestik, Mimik sich ausdrückende psychische Konstitution, Gestimmtheit."[4] Damit wird ausgedrückt, dass sich hinter der Körpersprache nicht nur die Haltung versteckt, sondern dass auch Mimik und Gestik elementare Bestandteile einer gelungenen körperlichen Präsentation sind.

Mit Ihrer Körpersprache können Sie bewusst agieren und sich durch Ihre Haltung und auch Ihre Kleidung bereits einen enormen Vorteil im Gespräch erarbeiten. Denn mit Ihrer Körper-sprache können Sie nicht schweigen, Sie senden ununterbrochen bestimmte Signale - und diese Signale werden von Ihren

---

[4] https://www.duden.de/rechtschreibung/Koerpersprache

Gesprächspartnern gelesen, ob Sie nun reden oder schweigen.

Die Körpersprache ist also ständig im Einsatz und sendet auch unbewusst, also ohne die willkürliche Steuerung Ihrerseits, Signale in die Welt. Seien Sie sich dessen stets im Klaren und arbeiten Sie an einer gelungenen Körpersprache, die Sie nicht verrät, sondern Ihre Aussagen unter-streicht. So erhalten Sie ein weiteres Mittel zur perfekten Ausdrucksweise: die nonverbale Kommunikation.

KÖRPERHALTUNG UND KÖRPERSPRACHE

„Man kann nicht *nicht* kommunizieren“[5], sagte der Philosoph und Psychotherapeut Paul Watzlawick. Und damit hat er den Grundstein der Körpersprache perfekt erklärt. Durch die eigene Haltung, die Mimik und Gestik, kommuniziert der Körper also ständig. Um Ihre Rhetorik zu verbessern und Ihre Ausdrucksweise zu verfeinern, sollten Sie also nicht nur Vokabeln und Rede-wendungen pauken, sondern sich auch um das Erlernen Ihrer eigenen Körpersprache kümmern.

Um ein Meister der Ausdrucksweise zu werden, ist es von besonderem Vorteil, wenn Sie nicht nur selbst nonverbale Signale aussenden können, sondern wenn Sie auch in der Lage sind, diese bei Ihren Mitmenschen wahrzunehmen, zu lesen und zu interpretieren. So gelingt es ihnen nahezu augenblicklich, die Reaktionen auf das von Ihnen Gesagte bei Ihren Zuhörern abzulesen und sich daraufhin mit Ihrem Vortrag einzustellen.

Ein gerade aufgerichteter Rücken signalisiert Selbstbewusstsein und eine innere Zufriedenheit, während es eher für Kummer, Lustlosigkeit oder Desinteresse spricht, wenn Ihre Zuhörer mit gekrümmten Rücken auf ihren Stühlen lümmeln, während Sie vortragen. Als Vortragender sollten Sie gerade und aufrecht stehen und sich Ihren Zuhörern frontal zuwenden. Drehen Sie sich nicht weg, so signalisieren Sie Unsicherheit. Lassen Sie Ihre Arme locker hängen, knibbeln Sie nicht an Ihrer Kleidung oder der Fernbedienung für den Beamer herum, dies spricht für Nervosität.

Bedenken Sie, dass auch Ihre Kleidung und Ihr Make-up zu Ihrer

---

[5] https://www.paulwatzlawick.de/axiome.html

Körpersprache gezählt werden können. Achten Sie auf standesgemäße Kleidung, beispielsweise der obligatorische Anzug mit Krawatte für den Mann bei einem wichtigen Geschäftstermin oder das dezente, nicht übertriebene Make-up bei der Frau. Sie gehen nicht in die Disco oder auf eine Strandparty - wenn doch, sollten Sie sich für den Anlass entsprechend kleiden, damit Ihre Körpersprache gleich auf den ersten Blick vermittelt, was Sie vermitteln soll: Selbstbewusstsein, Eleganz und Eloquenz.

MIMIK UND GESTIK

Laut Fachkreisen entfallen zirka 80% der gesamtkommunikativen Wirkung auf die Gestik und die Mimik. Hier ist besonders beachtenswert, dass die Gestik, die im Duden als die Gesamtheit der Gesten definiert wird, sowie die Mimik, definiert als Gesamtheit der Gesichtsausdrücke, als sogenanntes Mienenspiel vorwiegend intuitiv stattfinden. Es gelingt nur bedingt, die Mimik und Gestik zu kontrollieren, da sie als emotionale Reaktionen des Körpers einer unbewussten Steuerung unterliegen. Gute Pokerspieler beispielsweise haben diese unbewusste Steuerung besonders gut im Griff und dies zeigt, dass Sie Ihre Körpersprache bis zu einem gewissen Grad bewusst steuern können - nach einiger Zeit intensiver Übung.

Mimik

Die Mimik umfasst sämtliche möglichen Gesichtsausdrücke. Vom Stirnrunzeln bis hin zur angespannten und zusammengebissenen Kieferpartie hat das menschliche Gesicht unzählige Möglichkeiten der nonverbalen Kommunikation. Die Augenbrauen, Augen, die Nase, der Mund - all dies kann zur Übermittlung von Botschaften genutzt werden.

Durch eine auf Ihre Worte abgestimmte Mimik können Sie Gesagtes unterstreichen, Beharrlichkeit ausdrücken oder mitfühlend reagieren. Sie betonen Ihre Worte und verleihen ihnen dadurch mehr Gewichtung. Die Partien, die für die Mimik generell zumeist genutzt werden, sind Mund- und Augenpartie. Beispielsweise beansprucht ein Lächeln sowohl den Mund, indem die Mundwinkel nach oben gezogen werden, als auch die Augenpartie, wo die kleinen Fältchen rund um die lateralen, also die äußeren, zur Schläfe hinweisenden, Augenwinkel ein echtes Lächeln von einem falschen Lächeln unterscheiden lassen.

Die Mimik lässt sich bewusst steuern. Sie können beispielsweise ein falsches Lächeln einüben. Dieses betrifft nur den Mund, der teilweise sogar stark zu einem Lächeln verzerrt wird. Wer genau hinsieht, wird allerdings schnell bemerken, dass Ihre Augen dabei nicht mitlächeln, sondern sogar kalt in die Welt starren. Dies unterscheidet ein echtes Lächeln von einem falschen Lächeln.

Das **Lächeln** ist eine hervorragende Kommunikationsmöglichkeit und ist in sämtlichen Facetten seiner Ausprägung einsatzbereit. Begonnen bei einem leichten Schmunzeln, bei dem beide oder sogar nur ein Mundwinkel leicht gehoben werden, bis hin zum schallenden Lachen mit weit geöffnetem Mund. Je nachdem, welche Ausprägung des Lächelns gezeigt wird, kann ihm eine andere Bedeutung zugrunde liegen.

Beispielsweise können Sie ein **Dauerlächeln** auf dem Gesicht tragen, bei dem die Mundwinkel dauerhaft nach oben gezogen sind und Sie ununterbrochen lächeln. Dies wirkt schnell aufgesetzt und künstlich. Sie können damit Desinteresse und Überheblichkeit signalisieren.

Wenn Ihr Gegenüber ein **Piranhalächeln** trägt, zeigt er krampfhaft die ganze Zeit ein Lächeln, bei dem die Zähne zu sehen sind. Damit kann Abneigung und starke Überheblichkeit signalisiert werden.

Ein **einseitig angehobener Mundwinkel** kann bei schüchternen und unsicheren Personen beobachtet werden, kann aber, wenn es richtig eingesetzt wird, auch bei Zynismus und Arroganz auftreten. Hierbei ist sich der Lächelnde durchaus der überheblichen Wirkung seines Lächelns bewusst und setzt dieses genau aus diesem Grund gezielt ein.

Das **Lachen** zeigt sich vor allem beim Beisammensein mit Freunden und Familie, hier kann laut und schallend gelacht werden, als Zeichen höchster Zufriedenheit. Sie signalisieren, dass Sie sich in der Gesellschaft wohlfühlen. Bei geschäftlichen Terminen kann ein lautes Lachen schnell fehl-interpretiert und als unangemessen empfunden werden. Hier sollten Sie ein freundliches, unaufdringliches Lächeln wählen, um Ihrem Gegenüber Zustimmung und Interesse zu signalisieren.

Gestik

Als Gestik wird die Gesamtheit aller Gesten beschrieben. Hierunter fallen also neben der Mimik auch Handbewegungen, das Nicken des Kopfes oder andere körperliche Bewegungen, die als Kommunikation genutzt und verstanden werden können. Auch die Gestik ist bis zu einem gewissen Grad unwillkürlich, kann aber deutlich besser gesteuert werden als die Mimik selbst. Hier-unter fallen beispielsweise auch verschränkte Arme, die Unwillen und eine deutliche Abwehrhaltung signalisieren, oder in die Hüften gestemmte Hände. Auch das energische Hochkrempeln der Ärmel über die Ellbogen kann als eine Art Kommunikation verstanden werden und signalisiert energischen Tatendrang.

Das **Nicken** ist eine Gestik, die besonders oft im täglichen Gespräch zum Einsatz kommt. Oftmals wird es sogar unbewusst angewendet, um Zustimmung zu signalisieren und dem Sprechenden zu vermitteln, dass interessiert gelauscht wird.

Das **Kopfschütteln** ist das Gegenteil zum Nicken und wird zur Ablehnung von Gesagtem genutzt. Dies geschieht auch oftmals unbewusst und ist somit Ausdruck einer unterbewussten Haltung. Achten Sie auf diese unauffälligen Zeichen von Ihren Zuhörern, um unverfälschtes Feedback für Ihre Präsentation zu erhalten.

Das **Trommeln mit den Fingern**, beispielsweise auf den Tisch, signalisiert unterbewusst Stress oder Unwohlsein. Dies tut der Körper, um dem Tatendrang zu entgehen, den der Stress mit sich bringt. Evolutionsbiologisch ist es sinnvoll, dass der Körper in einer Hab-Acht-Stellung gehalten wird, solange äußerlicher und innerlicher Stress vorliegen. Unsere Vorfahren mussten in stressigen Situationen oft um ihr Leben laufen oder kämpfen. Da Sie schwerlich einfach weglaufen können, sobald Sie Stress verspüren, ist dieses mechanische Bewegen der Finger eine Art Aus-gleich.

Haben Sie als Kind die Zeichentrick-Serie „Wicky und die starken Männer" gesehen? Die Hauptperson, der Wikinger-Junge Wicky, hat sich immer den Finger an die Nase gehalten, wenn er über ein Problem nachgedacht und dann eine Lösung präsentiert hat. Auch die realen Menschen machen dies recht häufig. Ein **an die Nase gelegter Finger**, zumeist ist es der Zeigefinger, signalisiert ein starkes Nachdenken, ein Grübeln über ein bestimmtes Problem.

Nach einem langen Arbeitstag am Schreibtisch haben Sie sicherlich auch schon einmal den **Kopf auf die Hände aufgestützt**. Dies signalisiert Müdigkeit, Erschöpfung oder auch Langeweile. Ver-meiden Sie diese Gestik bei wichtigen Gesprächen deshalb unbedingt.

Stattdessen nutzen Sie einladende Gesten, wie das **offene Platzieren Ihrer Hände auf dem Konferenztisch**. Dies ist ein Zeichen für Ihre volle Aufmerksamkeit und Offenheit gegenüber dem Sprechenden. Nutzen Sie Ihre Hände und ein angemessenes Gestikulieren, um Ihren Worten Nachdruck zu verleihen.

5 Untergruppen der Gestik

Auf den wissenschaftlichen Arbeiten der US-amerikanischen Geisteswissenschaftler Paul Ekman und Wallace Friesen beruht die Einteilung der Gestik auf den fünf Untergruppen:

1. Emblem

Embleme sind Gesten, die in einer bestimmten Region eine feststehende Bedeutung haben. Beispielsweise das Kopfnicken oder auch das mit dem Finger an die Stirn tippen, um seinem Gegenüber einen Vogel zu zeigen. Letztere Geste ist in Deutschland allbekannt und mit dieser besonderen Bedeutung belegt. Auch das Händeschütteln zur Begrüßung ist ein Emblem und wird landläufig als dieses verstanden. Im asiatischen Raum beispielsweise ändert sich dieses Begrüßungsritual und statt eines Händeschüttelns wird das kurze Verbeugen oder das sanfte Neigen des Oberkörpers praktiziert.

2. Illustratoren

Als Illustratoren werden Gesten benannt, die das Gesagte unterstreichen und quasi „sichtbar" machen. Eine Illustration ist eine zumeist bildliche Veranschaulichung und Erläuterung einer textlichen Erklärung. Ähnlich funktioniert auch die Illustratoren-Geste. Dabei können Sie einzel-ne Wörter, beispielsweise „klein", mit einer passenden Geste veranschaulichen. In diesem Fall nutzen Sie Daumen und Zeigefinger der einen Hand, um einen kleinen Abstand zu signalisieren.

3. Affektive Gesten

Gesten, die aus dem Affekt heraus entstehen, werden als affektive Gesten bezeichnet. Etwas aus dem Affekt zu tun, bedeutet, unbeabsichtigte Gesten zu verwenden. Dies sind Gesten, die Ihnen unbewusst passieren, in Momenten großer Erregung oder Aufregung. Dabei gibt es affektive Gesten in allen Ausprägungen: das Zucken des Mundwinkels, wenn Sie etwas lustig finden; das über den Mund schlagen der Hand als Zeichen großer Freude oder bei Begeisterung; das Hände über dem Kopf zusammenschlagen bei Angst oder Erschrecken. Affektive Gesten sind besonders von geübten Lesern der Körpersprache zu deuten und zu interpretieren.

4. Regulatoren

Regulatoren sind Rückmeldungen, die innerhalb eines Gesprächs vom Zuhörer zum Sprecher gegeben werden. Hierzu zählen das bewusste Kopfnicken und Kopfschütteln als zustimmende beziehungsweise ablehnende Gestik. Nutzen Sie diese Regulatoren besonders in beruflichen oder anderweitig wichtigen Gesprächen. So können Sie Ihrem Gegenüber zeigen, dass Sie ihm aufmerksam folgen und mit Ihrer vollen Konzentration am Gespräch teilnehmen. Auch signalisieren Sie ihm, dass Sie seine Ausführungen nachvollziehen können.

5. Adaptoren

Die letzte Gruppe der Gesten ist die Gruppe der Adaptoren. Durch Handlungen, die unter diese Gruppe fallen, können Sie an sich selbst ablesen, wie etwas aktuell auf Sie und Ihren Gefühlsstatus einwirkt. Es handelt sich hier häufig um Übersprungshandlungen, also Handlungen, die unbewusst vollzogen werden, um beispielsweise Stress abzubauen und die eigenen Emotionen zu regulieren. Nägelkauen kann hierbei als Beispiel für einen Adaptor aufgeführt werden, den viele Menschen in Stresssituationen unbewusst ausführen. Bemerken Sie Adaptoren in Ihrer eigenen Verhaltensweise, helfen Ihnen Entspannungsübungen, Atemübungen oder einige Achtsamkeits-übungen, die für Sie kritischen Situationen besser zu meistern.

BLICKKONTAKT

Die Augen sind das Tor zur Seele, so sagt der Volksmund. Ob dies nun stimmt oder nicht, sei dahingestellt. Tatsache ist jedoch, dass den Augen und dem darin liegenden Blick eine besondere Bedeutung in der Körpersprache zukommt. Ein Blick in die Augen reicht für den geübten Beobachter bereits aus, um Ihr Seelenleben beurteilen zu können, also um zu sehen, ob Sie gerade traurig oder fröhlich sind.

Außerdem richtet der Mensch seine Augen grundsätzlich dorthin, wo er seine Aufmerksamkeit hat. Das können Sie sich einfach zu Nutze machen, indem Sie den Blickkontakt mit Ihrem Gesprächspartner herstellen und auch halten. Dies vermittelt, dass Sie ihn ernstnehmen und mit Interesse der Unterhaltung folgen. Sie sind mit Ihrer vollen Aufmerksamkeit bei der Sache. Dadurch zeigen Sie Respekt für Ihren Gegenüber und animieren diesen, sich ebenso respektvoll und aufmerksam mit Ihnen zu beschäftigen.

Es gibt verschiedene Versionen, Blickkontakt zu halten, einige davon sind nicht besonders angenehm. Achten Sie vor allem darauf, den gut gemeinten Blickkontakt nicht in ein Starren um-schlagen zu lassen, dieses wird schnell als unangenehm und aufdringlich empfunden. Wenden Sie beispielsweise den Blick ab und deuten Sie während des Redens auf Ihre Präsentation, blicken Sie auf Ihre Notizen oder notieren Sie sich etwas innerhalb eines Gesprächs. Führen Sie ein Gespräch in einer Gruppe mit mehreren Teilnehmern, so lassen Sie den Blick gleichermaßen über all Ihre Zuhörer wandern. So fühlt sich niemand ausgeschlossen und Sie laufen nicht Ge-fahr, einzelne Teilnehmer übertrieben anzustarren.

DAS RICHTIGE EINSETZEN DER EIGENEN KÖRPERSPRACHE

Eindrucksvoll klar geworden ist es in diesem Kapitel, dass die Körpersprache mit all ihren Facetten für ein gelungenes Gespräch außerordentlich wichtig ist. Nutzen Sie diese Werkzeuge, um zu überzeugen!

Setzen Sie Ihre Mimik gezielt ein. Sie wissen nun, dass Blickkontakt, ein

Lächeln, ein Stirnrunzeln oder auch die hochgezogene Augenbraue als Nachfrage und sämtliche anderen mimischen Ausdrucksweisen, zu denen Ihr Gesicht fähig ist, Ihrem Gesprächspartner laufend Rückmeldung geben. Durch Ihre Mimik können Sie als das Gespräch lenken, Ihrem Gesprächspartner laufend Feedback geben und zollen ihm höflichen Respekt. Achten Sie darauf, dass Ihre Mimik nicht entgleist, also sich nicht Ihrer Kontrolle entzieht. Auch sollten Sie auf den dosierten Einsatz Ihrer eigenen Mimik achten. Ein ständig wechselnder Gesichtsausdruck wirkt gekünstelt und lässt das Lesen Ihrer Emotionen überhaupt nicht zu. Deshalb nutzen Sie die Mimik wohldosiert und wohlüberlegt.

Die Gestik trägt ihren Teil dazu bei, dass Sie sich zum Herrn über das Gespräch heraufschwingen können. Positive Gestik unterstreicht Ihren Standpunkt. Zeigen Sie dazu Ihrem Gesprächs-partner Ihre Hände. Beispielsweise, indem Sie sie auf den Tisch legen oder bei einem Gespräch im Stehen offen vor sich halten. Stecken Sie sie auf keinen Fall in die Hosentasche oder dergleichen. Dies signalisiert deutliches Desinteresse.

Unterschätzen Sie niemals einen ordentlichen Händedruck als erste Geste. Dieser wird zumeist zur Begrüßung angewendet und entscheidet somit bereits vor Beginn des Gesprächs darüber, wie Sie auftreten und wahrgenommen werden. Ein lascher Händedruck ist absolut zu vermeiden. Er zeugt von Unsicherheit und Selbstzweifeln. Ein fester Händedruck signalisiert stattdessen eine energische, selbstbewusste Persönlichkeit. Sie zeigen damit, dass Sie Herr der Lage sind. Was Sie allerdings unbedingt vermeiden sollten, ist das Zufügen von Schmerzen mit Ihrem Händedruck. Damit tun Sie sich selbst keinen Gefallen, signalisieren im Gegenteil Überheblichkeit und Arroganz. Sie zeigen, dass Ihr Gegenüber in Ihren Augen minderwertiger ist als Sie.

Das richtige Mindset für eindrucksvolles Auftreten

Ein Mindset hat jeder Mensch, auch wenn es ihm oder ihr im ersten Moment gar nicht bewusst ist oder es vielleicht nicht auf Anhieb gelingt, das eigene Mindset zu beschreiben. Jede Handlung, die geschieht, hat ihren Ursprung im Gehirn - zumindest jede bewusste Handlung, die der Mensch aus freiem Willen heraus tätigt. Egal, ob das Bewegen eines Beins, das Formen verschiedener Worte oder der Entschluss, mehr Sport zu treiben - das alles beginnt im Kopf. So also auch die Entscheidung, die eigene Ausdrucksweise zu verbessern und zu einem eindrucks-volleren Auftreten zu gelangen.

WAS IST MINDSET?

Das englische Wort „Mindset" kann ins Deutsche übersetzt werden mit folgenden Bedeutungen: Mentalität, Denkweise, Einstellung, Haltung, Lebensphilosophie, Orientierung oder auch Lebensweise. Die absolute und sehr streng subjektive Wahrnehmung des eigenen Mindsets ist von Person zu Person unterschiedlich. Das Ihnen eigene Mindset können Sie also nur allein definieren.

Die gewohnte Reaktion, antrainierte Verhaltensmuster und Denkweisen, all dies umfasst das eigene Mindset. Sie reagieren beispielsweise auf Provokation immer mit einer Prügelei, vielleicht weil Sie dies in jungen Jahren so gelernt haben. Das muss aber nicht heißen, dass Sie von nun an und für immer als aggressive Person gelten. Sie können Ihr Mindset verändern und lernen, auf Provokationen nicht mehr mit Gewalt, sondern mit eloquenten Worten zu reagieren. Sie setzen also die Prägung durch Familie, Umwelteinflüsse, Freunde oder die Gesellschaft zurück und er-lernen eine Strategie, die Sie persönlich für sich auswählen. Sie entwickeln sich und Ihr Mindset weiter.

Die Veränderungen, die das eigene Mindset im Laufe der Lebensjahre durchläuft, ist natürlich nicht immer nur positiv. Auch negative Einflüsse prägen Ihr Mindset - beispielsweise ein verlorener Job, ein tragischer Unfall oder das Verlassenwerden können Ihr Mindset nachhaltig negativ entwickeln. Ebenso ist es den positiven Dingen, wie einer glücklichen Beziehung oder der Ausübung Ihres Traumberufes, möglich, Ihr Mindset positiv zu verändern. Und dann können Sie Ihr Mindset auch ganz bewusst auf gewünschte Weise beeinflussen und verändern.

Sie verändern Ihre innere Haltung, Ihre Einstellung, Ihre Lebensweise - und verändern somit auch Ihre Reaktionen auf bestimmte Vorkommnisse und Ihre Handlungsweise.

FIXED MINDSET UND GROWTH MINDSET

Die Autorin des Bestsellers „Mindset", ihr Name ist Carol Dweck, erforschte in ihrer Funktion als Professorin für Psychologie über Jahre hinweg das menschliche Mindset. Dabei kam sie zu dem Schluss, dass das Mindset sich grundsätzlich in das Fixed Mindset und das Growth Mindset unterscheiden lässt.

Fixed Mindset - statische oder festgesetzte Haltung

Als statisches Mindset wird eine unveränderliche Haltung angesehen. Menschen, die nach dem Prinzip leben, dass sie sich nicht verbessern können, werden als Fixed Mindsetler bezeichnet. Diese Personen nehmen fehlende Kompetenzen in bestimmten Lebensbereichen als festgesetzt hin, gehen davon aus, dass ihnen für dies einfach das angeborene Talent fehlt. Sind Sie beispielsweise schlecht in Mathe, sagen Sie sich, dass dies einfach eine Ihrer Schwächen ist, statt daran, durch hartes Training und ständiges Üben, etwas zu verändern.

Menschen, die nach einem Fixed Mindset leben, finden oftmals Ruhe in Traditionen und fest arrangierten, ständig ähnlich ablaufenden Kreisläufen. Sie kommen mit Veränderungen und Weiterentwicklungen nicht gut klar, da diese sie schnell aus der Fassung bringen und verunsichern.

Genauso statisch sind diese Personen in der eigenen Entwicklung. Herausforderungen, die mit Lernen und Weiterentwicklung verbunden sind, werden gemieden. Man bleibt bei dem, was man gut kennt und gut kann. In diesem Haupttätigkeitsbereich kann sich ein Fixed Mindsetler gut verbessern und seine Kompetenz immer weiter steigern, da er sich hier sicher ist, dies leisten zu können. Alle anderen Bereiche sind jedoch mit starker Unsicherheit behaftet und werden lieber gemieden.

Niederlagen erschüttern Personen mit einem Fixed Mindset in der Regel besonders stark und diese werden oft als Urteil angenommen, dass dieser Bereich oder die gewählte Herausforderung zu groß war und niemals erreicht werden kann. In der Zukunft wird sich nicht mehr her-angetraut und solcherart Herausforderungen werden gemieden.

Dies resultiert darin, dass sich Personen mit einem Fixed Mindset eher unterordnen, statt eine Führungsposition anzustreben. Sie sind mehr oder weniger zufrieden mit ihrer Stellung - oder die Unsicherheit und Angst vor Versagen ist so groß, dass über die Unzufriedenheit hinweggesehen wird.

Growth Mindset - wachsende, sich entwickelnde Haltung

Das Growth Mindset ist, wie der Name schon vermuten lässt, das Gegenteil zum Fixed Mindset. Es ist die sich ständig entwickelnde Geisteshaltung, die geprägt von Lebenserfahrung und bewusst herbeigeführter Veränderung ist.

Growth Mindsetler sind der Überzeugung, ihre Stärken, Talente und ihr Wissen ständig erweitern zu können. Ganz nach dem Prinzip „Übung macht den Meister" arbeiten und lernen diese Personen stetig an sich und dazu. Damit ist dieses Prinzip dynamisch, erfolgsversprechend und zukunftsorientiert. Es handelt sich um Personen, die sich sicher sind: Mit genug Arbeit und Ein-satz kann ich alles schaffen!

Solcherart Personen zeichnen sich durch ihren offenen Charakter, ihre Neugierde und den Wissensdurst aus. Sie mögen es, sich mit neuen Dingen zu beschäftigen, neue Fähigkeiten zu erlernen, sich immer neu auszuprobieren und sich damit stetig und dauerhaft weiterzuentwickeln. Sie stehen nicht an einem Punkt ihres Lebens fest, sondern schreiten voran. Tendenziell sind Growth Mindsetler abenteuerlustige Gesellen.

Eine Niederlage wirft Personen mit dieser Lebenseinstellung nicht vollkommen aus der Bahn. Sie animiert sie im Gegensatz dazu, sich mit der Thematik noch enger vertraut zu machen oder noch etwas stärker an sich zu arbeiten, um der Herausforderung ein zweites oder wenn nötig auch ein drittes, viertes oder fünftes Mal gegenüberzutreten.

Growth Mindsetler sehen sich selbst als „des Glückes Schmied", wissen also, dass ihnen angestrebte Veränderungen nicht einfach, einem Lottogewinn gleich, in den Schoß fallen. Sie wissen, dass sie für ihre Träume und Ziele hart arbeiten und sich anstrengen müssen. Sie wissen aber im Gegenzug auch, dass es ihnen möglich ist, diese Träume und Ziele zu erreichen. Das ist Motivation genug, niemals aufzugeben.

Der Umgang mit Niederlagen, die nicht als unumstößliches Urteil angesehen werden, sondern als erneute Chance, als Herausforderung, macht Menschen mit einem Growth Mindset zu be-sonders optimistischen Gesellen. Sie verkriechen sich nicht etwa in einem Loch und trauern über die Niederlage, sondern sie analysieren und untersuchen das Geschehene, um beim nächsten Versuch Fehler auszumerzen und besser abzuschneiden.

Dieser Optimismus, diese Lebensfreude, der ständige Tatendrang und die positive Einstellung ist es, was Growth Mindsetler besonders attraktiv und anziehend macht. Man umgibt sich gern mit solchen Personen, die einen mit ihrem Optimismus anstecken und einen vorantreiben.

Einmal Fixed immer Fixed?

Es ist wohl so, dass ein Mensch sich im Laufe seines Lebens, durch die gemachten Erfahrungen und die eigene Prägung, eher dem einen oder dem anderen Mindset zuschreiben lässt. Dies ist jedoch keine unveränderliche Tatsache. Im Gegenteil - durch Motivation und eine gehörige Portion Durchhaltevermögen kann ein Fixed Mindsetler aus dem Teufelskreis ausbrechen und sich hin zu einem Growth Mindsetler entwickeln. Andersherum kann auch ein Mensch mit einem Growth Mindset in seinen Grundfesten so erschüttert werden, beispielsweise durch eine Reihe schwerer Niederlagen, dass er sich zu einem Fixed Mindset hin entwickelt.

DAS EIGENE MINDSET TRAINIEREN

Es ist, wie in den meisten Fällen im Leben, nicht absolut schwarz-weiß. Sie sind nicht entweder Fixed oder Growth Mindset, sondern zumeist eine Mischung aus beidem. In manchen Teilbereichen besitzen Sie vielleicht ein eher statisches, fixiertes Mindset und trauen sich an Aufgaben kaum heran, während Sie in anderen Teilbereichen Ihres Lebens bereits ein von Dynamik sprühendes Mindset aufweisen.

Der erste Schritt hin zu einer nachhaltigen Veränderung Ihres Mindsets ist es, sich darüber klar zu werden, wo Sie stehen. Können Sie Bereiche Ihres Lebens ausmachen, in denen Sie vor einer Herausforderung zurückschrecken, beispielsweise aus Angst vor einer Niederlage? Schreiben Sie dies auf, analysieren Sie die Situation, gerne mit Stift und Papier, und fragen Sie sich: Wieso reagieren Sie so und nicht anders? Was wäre das Schlimmste, was Ihnen widerfahren könnte, sollten Sie bei Annahme der Aufgabe scheitern? Und wäre der Misserfolg wirklich so dramatisch oder könnten Sie daraus vielleicht sogar wertvolle Lektionen ziehen und sich, beruflich oder privat, weiterentwickeln?

Denken Sie immer daran: Übung macht den Meister. Talent ist nicht angeboren, es ist harte Arbeit. Haben Sie schon mal ein Kind gesehen, dass aufgegeben hat, das Laufen zu lernen, weil es zwei-, drei- oder sogar zehnmal hingefallen ist?

Nein!

Kinder besitzen ein enormes Durchhaltevermögen, eine reine Neugierde und vor allem kennen sie keine Niederlage. Sie kennen kein Aufgeben. Wenn etwas nicht funktioniert, wird es so lange versucht, bis es klappt! Erst im heranwachsenden Alter beginnt die Bequemlichkeit, über die Motivation zu siegen. Erhalten Sie sich diese Motivation, diese Neugierde und die kindliche Freude über neue Dinge.

Ändern Sie Ihr Denken!

Der Beginn einer nachhaltigen Veränderung im eigenen Mindset beginnt - wie sollte es anders sein - im Kopf. Ändern Sie Ihre Denkweise, so ändert sich über kurz oder lang auch Ihr Verhalten. Sind Sie beispielsweise unordentlich veranlagt und leben die meiste Zeit im Chaos, kennen Sie sicherlich den Gedanken: „Ich bin nun mal ein Chaot, so war ich schon immer." Dies gibt Ihnen die Ausrede, dass Sie an der Situation nichts ändern können, denn schließlich „waren

Sie ja schon immer so."

Sagen Sie sich stattdessen: „Bisher habe ich im Chaos gelebt, weil ich unordentlich war." Allein der Vergleich dieser beiden Aussagen steckt voller Energie und Potenzial. Sie sagen sich nicht mehr ständig: Ich bin unordentlich, sondern Sie sagen sich: Ich war unordentlich. Dies impliziert eine Veränderung. Sie wollen sich verändern, wollen dem Chaos mit Ordnung begegnen. Bisher waren Sie unordentlich, aber jetzt werden Sie das ändern.

Sie beginnen also, sich im Kopf immer und immer wieder vorzusagen, dass sich eine Veränderung einstellt. Natürlich reicht es noch nicht, sich ständig daran zu erinnern, aber an Ihnen zu arbeiten und sich für mehr Ordnung im Haus, im Büro oder auf dem eigenen Schreibtisch einzusetzen, wird dadurch leichter und nachhaltig beeinflusst.

Motiviert bleiben durch kleine, erreichbare Ziele

Im bereits angesprochenen Beispiel sehen Sie nun Ihre neue Aufgabe vor sich: Ordnung halten. Um Ordnung aufrechterhalten zu können, müssen Sie sie zuerst herstellen. Da es absolut utopisch ist, zu denken, Sie könnten an einem Tag Ihren gesamten Schreibtisch, den Computer, das Haus und das Auto säubern, sollten Sie sich kleine Ziele stecken, die Sie leicht erreichen können. Es geht bei der Veränderung ja nicht darum, so schnell wie möglich zu handeln, sondern darum, sich nachhaltig und auf Dauer neue Denkweisen und damit Verhaltensmuster anzugewöhnen.

Teilen Sie die Aufgabe in kleine Häppchen ein. Am ersten Tag säubern Sie Ihren Schreibtisch und bringen Ordnung in die Schubladen. Besorgen Sie sich kleine Organisationshelfer, wie Schubfächer, Stiftehalter oder Trennblätter für Ihre Ordner. Am zweiten Tag widmen Sie sich dem Chaos auf Ihrem Computer und räumen die Order darin auf, an Tag drei wird das E-Mail-Programm ausgemistet, Tag vier gehört dem Auto, Tag fünf, sechs, sieben und so viele Sie eben benötigen gehören dem Haus und allen anderen Aspekten, die Sie angehen möchten.

Durch die Kleinteilung erreichen Sie täglich eines Ihrer gesteckten Ziele, Sie bleiben motiviert und empfinden Freude an gelungener Arbeit. Durch die positive Verknüpfung des Erfolgs setzen Sie Glückshormone frei und belohnen sich somit selbst für Ihre Leistungen.

Lebenslange Arbeit!

Die nachhaltige Veränderung des eigenen Mindsets ist ein langwieriger Prozess, der Sie über viele Monate, Jahre oder sogar über Ihr gesamtes Leben hinweg begleiten wird. Gewohnheiten sind nicht einfach abzulegen und es wird immer wieder Rückschläge geben, in denen Sie in alte Verhaltensmuster zurückfallen.

Das ist nicht schlimm und es geht jedem so. Wichtig ist, dass Sie an Ihrem Growth Mindset fest-halten und die Herausforderung immer und immer wieder annehmen, statt sich selbst zu sagen: „Ich hab es versucht, ich kann es nicht, ich bin zu schlecht dafür." Bleiben Sie weiterhin stark und entschlossen, sich und Ihr Leben zu verbessern, sich weiterzuentwickeln und an den Steinen, die Ihnen in den Weg gelegt werden, zu wachsen.

Je öfter und weiter Sie Ihre Komfortzone verlassen, desto mehr Veränderungen an sich selbst werden Sie wahrnehmen. Sie reagieren auf bestimmte Situationen anders, Ihr Auftreten verändert sich nach außen, Ihre Ausstrahlung wird intensiver und harmonischer, Sie wirken in sich geruhter und ausgeglichener.

10 TIPPS FÜRS EIGENE MINDSET

1. Selbstreflexion: eine regelmäßig durchgeführte, möglichst objektive Reflexion der eigenen Stärken und Schwächen zeigt Ihnen, an welchen Punkten Sie arbeiten müssen, um sich selbst stetig zu verbessern. Seien Sie dabei nicht zu hart zu sich selbst, sondern versuchen Sie, objektiv und unvoreingenommen zu beurteilen.

2. Glaube an sich selbst: Hören Sie auf, sich ständig zu sagen, dass Sie etwas nicht können, dass Sie nicht gut genug dafür wären. Fangen Sie stattdessen an, an sich selbst zu glauben und daran, dass Sie mit Fleiß und Übung alles erreichen können!

3. Beginnen Sie sofort: Prokrastinieren ist keine Lösung! Beginnen Sie sofort damit, etwas zu verändern. Denken Sie an die kleinen Schritte und starten Sie noch am selben Tag. Beispielsweise durch das Aufschreiben verschiedener Stichpunkte, die Sie verbessern oder verändern wollen.

4. Sortieren Sie Ihr Umfeld: Personen mit einer optimistischen Grundeinstellung motivieren andere. Personen mit einer negativen, pessimistischen Grundeinstellung ziehen Sie herunter und geben Ihnen ein schlechtes Gefühl. Beginnen Sie damit, sich mit Personen zu umgeben, die Ihnen guttun, die Sie weiterbringen und Ihnen ein gutes Gefühl vermitteln.

5. Definieren Sie Ihre Ziele: Persönlichkeitsentwicklung ist ein langer Prozess, der Sie vor einige Probleme stellen und Ihnen durch Rückschläge ein hohes Durchhaltevermögen und ein gewisses Maß an Verbissenheit abverlangen wird. Definieren Sie sich deshalb ei-ne Vision, ein Ziel, das Sie erreichen wollen. Unterteilen Sie dieses Ziel unbedingt in klei-ne, erreichbare Etappenziele. Ist Ihr Ziel zu utopisch gesetzt, verlieren Sie sonst schnell die Motivation.

6. Dankbarkeit gegenüber sich selbst: Seien Sie dankbar, dankbar schon allein dafür, dass Sie angefangen haben. Sie wollen etwas verändern! Dieser Wunsch ist der erste große Schritt hin zu einem besseren Selbstwertgefühl, zu mehr Selbstvertrauen und mehr Lebensfreude. Seien Sie dankbar, diesen Schritt gegangen zu sein, und dankbar, dass Sie sich selbst somit etwas Gutes tun!

7. Offen für Neues: Auf Ihrem Weg werden Sie die gewohnten, ausgetretenen Pfade verlassen müssen. Sie werden neue Türen aufstoßen und in Bereiche vordringen, die Sie noch nie betreten haben. Bleiben Sie neugierig und nehmen Sie die Herausforderungen mit offenen Armen auf.

8. Geduldig sein: Einen Marathon laufen Sie nicht innerhalb weniger Sekunden. Sie laufen ihn Schritt für Schritt für Schritt. Jeder einzelne Schritt bringt Sie Ihrem Ziel näher. Bleiben Sie geduldig und erkennen Sie die bereits erreichten Ziele voller Respekt für sich selbst an.

9. Realistisch bleiben: Stecken Sie sich Ziele, die Sie auch erreichen können. Zu hoch gesteckte Ziele, die Sie zu schnell erreichen wollen, demotivieren und nehmen Ihnen den Spaß. Sie fallen in alte Verhaltensmuster zurück und behindern sich und Ihre Entwicklung damit selbst.

10. Verantwortung übernehmen: Nicht Ihr Umfeld ist schuld, nicht Ihre Erziehung, sondern Sie selbst tragen Ihr Schicksal in der Hand. Sie entscheiden, was Sie denken. Sie entscheiden, wie Sie handeln. Übernehmen Sie die Verantwortung für Ihre Taten und Ihr Leben, es wird Ihnen niemand abnehmen!

Souverän Gespräche führen

Souverän gehört zu den Adjektiven und beschreibt damit eine Tätigkeit, einen Menschen oder einen Gegenstand näher. Doch was macht sie aus, diese Souveränität? Wie kann es Ihnen gelingen, souverän aufzutreten? Wie bereits beschrieben, steht „souverän" dafür, dass Sie sich sicher und überlegen fühlen im eigenen Handeln und Auftreten.

Eine derartige Souveränität könnten Sie eventuell gleichstellen mit dem Wort „Sicherheit", denn nur, wenn Sie im Umgang mit den eigenen Worten, der eigenen Körpersprache sind, können Sie diese Sicherheit auch nach außen ausstrahlen und souverän wirken.

SYMPATHISCH ÜBERZEUGEN – MIT CHARISMA

Ein großer Teil dieser Ausstrahlung wird gleichgesetzt mit dem Wort Charisma. Darunter versteht sich die besondere Ausstrahlung eines Menschen, die diesen von anderen unterscheidet. Charismatische Menschen sind oft der Mittelpunkt sämtlicher Aufmerksamkeit und sind sich dessen durchaus bewusst. Charismatische Menschen verstehen es, andere zu motivieren, mitzureißen und deren Aufmerksamkeit an sich zu binden. Gelingt es Ihnen, Ihr eigenes Charisma so zu festigen und zu entwickeln, dass Sie diese besondere Aura um sich liegen haben, haben Sie jedes Gespräch schon halb gewonnen.

Was ist Charisma?

Nach der Rechtswissenschaftlerin Olivia Fox Cabane lässt sich das **Charisma in vier Typen einteilen.**

- **Fokussiertes Charisma**: Dies zeichnet Menschen aus, die sofort beim Betreten eines Raumes die Aufmerksamkeit der gesamten Mannschaft erregen. Menschen, die derart präsent, wach und aufmerksam sind, erreichen oftmals eine hohe Führungsposition und tragen viel Verantwortung.

- **Autoritäres Charisma**: Menschen, die diese Art des Charismas ausstrahlen, sind sehr selbstbewusst, verkörpern ihre Interessen in einem hohen Status und erhalten Anerkennung sowie Aufmerksamkeit von allen Seiten. Diesen Menschen gelingt es, andere sofort und lückenlos in ihren Bann zu ziehen.

- **Visionäres Charisma**: Diese Menschen verfolgen, wie der Name es schon sagt, eine Vision. Es handelt sich bei ihnen um Vordenker, Visionäre, die von sich und ihrer Vorstellung überzeugt sind. Sie sehen sich oftmals selbst auf einer Art Mission für die Zukunft. Diese innere Überzeugung überträgt der visionäre Charismatiker nach außen und erntet dabei teils grenzenlose Begeisterung von seinen Mitmenschen.

- **Freundliches Charisma**: Die vierte Art des Charismas ist die einzige Art, die Sie nicht bewusst selbst trainieren können. Sie können es nicht üben, freundlich charismatisch zu sein, sondern es ist eher als eine Art Gabe zu verstehen. Die Gabe, durch Freundlichkeit und Empathie zu begeistern. Freundliche Charismatiker umsorgen andere, die sich bei ihnen geborgen und sicher fühlen können.

Charisma lässt sich eng mit dem eigenen Mindset verknüpfen und ist, wie dieses auch, trainierbar. Sie können durch Selbstdisziplin und einige Übung Ihr Charisma verbessern. Durch das Umdenken in Ihrem Mindset, vom Fixed zum Growth Mindsetler, wird sich Ihr Charisma automatisch verändern. Achten Sie auf Kleinigkeiten, die Sie später zu einem großen Ganzen zusammenfügen können: die Körpersprache, die Wortwahl, Ihr Mindset - all das wirkt sich auf Ihre Ausstrahlung aus, auf Ihr Charisma.

Eine Reihe von Psychotherapeuten und Soziologen haben sich mit dem Thema Charisma intensiv beschäftigt und **neun Charaktereigenschaften definiert, anhand derer andere eine Person als charismatisch betiteln:**

- Herz

- Mut

- Fokus

- Inspiration

- Idealismus

- Präsenz

- Selbstsicherheit
- Individualität
- Körpersprache

Verbessern Sie Ihr Charisma nachhaltig!

Die neun genannten Charaktereigenschaften sind nicht allesamt angeboren. Natürlich sind manche Personen von Natur aus mutiger als andere, doch auch Mut und Herz lassen sich „trainieren“, indem Sie Ihr gesamtes Weltbild auf den Kopf stellen, indem Sie Ihr Mindset verändern. An anderen Charaktereigenschaften, wie der Selbstsicherheit und der Körpersprache, lässt sich einfacher arbeiten als an anderen.

Ihren Mut zu verbessern, wird Ihnen im ersten Moment vielleicht unmöglich vorkommen, doch schon durch einen kurzen Gedanken können Sie sich sicherer fühlen. Sie sind nicht allein. Es gibt Dutzende, Hunderte, wenn nicht sogar Tausende anderer Menschen, die genauso fühlen wie Sie, die beispielsweise vor einer wichtigen Präsentation den Mut verlieren oder sich nicht trauen, sich beim Traumjob zu bewerben, obwohl es die perfekte Chance wäre. Seien Sie mutig, was kann schon passieren?

Und mit dieser Frage direkt zum nächsten Charakterpunkt: Ihrer Selbstsicherheit. Seien Sie mal ehrlich, was kann schon passieren? Wenn Sie die Präsentation halten und über einen Satz stolpern, wird die Welt nicht untergehen. Evolutionsbiologisch ist es tatsächlich dem Menschen in die Wiege gelegt, dass ein Szenario immer mit dem schlimmstmöglichen Ausgang durchgedacht wird. Dies gibt Ihnen die Chance, Fehler von vornherein auszumerzen. Sie haben Angst, dass die Technik versagt? Checken Sie sie vorher, machen Sie Probedurchläufe. Sie haben Angst, dass Sie bestimmte Worte oder Passagen vergessen? Machen Sie sich Notizen. Niemand erwartet von Ihnen eine auswendig gelernte Präsentation, die sicherlich gekünstelter klingt, als wenn Sie ab und zu auf Ihre Notizen sehen. Und dann atmen Sie nochmal tief durch und gehen weg von den rein negativ behafteten Gefühlen, was alles schiefgehen könnte, und malen sich einmal aus, wie alles perfekt laufen wird. Allein die Vorstellung wird Ihnen mehr Selbstbewusstsein uns Selbst-vertrauen liefern.

Letztendlich sind Fehler da, um gemacht zu werden. Aus Fehlern lernen Sie.

Präsenz - ein weiterer der neun Charakterpunkte eines Charismatikers. Präsenz ist eng verknüpft mit dem Punkt der Körpersprache, denn über Ihre Haltung und Ausstrahlung verkörpern Sie Präsenz. Nichts wirkt charismatischer und ehrlicher, wenn Sie Ihrem Gegenüber zeigen, dass Sie mit Ihrer vollen Aufmerksamkeit bei ihm und Ihrem Gespräch sind. Diese Präsenz macht Sie sympathisch - und charismatisch. Achten Sie hier auch wieder auf den Blickkontakt mit Ihrem Gegenüber und verhindern Sie das Anstarren.

GEKONNT ARTIKULIEREN

„Artikulieren" ist ein schwaches Verb und der Duden beschreibt es folgendermaßen: „ (Gedanken, Gefühle) in Worte fassen, (formuliert) zum Ausdruck bringen."[6] Das sagt sehr gut aus, was mit artikulieren gemeint ist. Sie sprechen nicht einfach, sondern nutzen all Ihr Können und Ihre hervorragende Ausdrucksweise, um etwas „formuliert zum Ausdruck zu bringen."

Fachworte, ja oder nein?

Ein häufiger Anfängerfehler bei der Artikulation ist es, im Gespräch mit Fachwörtern förmlich um sich zu werfen. Achten Sie darauf, dass Sie Ihren Sprachgebrauch an Ihr Gegenüber anpassen. Ist dieser auf demselben Stand wie Sie, beispielsweise sind Sie beide Mediziner, dann unter-streichen die verwendeten Fachbegriffe Ihr Wissen, werden von Ihrem Gegenüber verstanden und in dessen Augen wirken Sie kompetent. Sprechen Sie aber mit einem Laien, um bei dem Bei-spiel Mediziner zu bleiben vielleicht mit einem Patienten, so wirken Sie durch das Aneinanderreihen verschiedener Fachbegriffe und Fremdwörter nicht kompetent, sondern werden im Gegenteil sogar als inkompetent wahrgenommen, da es Ihnen nicht gelingt, Ihrem Patienten auf Augenhöhe zu begegnen. Sie wirken dadurch leicht abgehoben und überheblich oder verlieren in den Augen Ihres Gegenübers an Kompetenz. Er oder sie könnte denken, Sie versuchen, durch den übermäßigen Gebrauch von Fachwörtern eine Kompetenz

[6] https://www.duden.de/rechtschreibung/artikulieren

vorzutäuschen, die Sie in Wahrheit nicht besitzen. Passen Sie Ihre Artikulation also immer an Ihren Gesprächspartner an.

Stellen Sie Fragen

Wer unauffällig bleiben möchte, stellt keine Fragen. Damit wirken Sie jedoch schnell desinteressiert und Ihrem Gegenüber könnte es in den Sinn kommen, dass Sie nicht gut genug aufgepasst haben, um sinnvolle Fragen stellen zu können. Um also zu beweisen, dass Sie das gesamte Gespräch über präsent waren und um Ihre Neugier und Ihr Interesse darzustellen, sollten Sie Fragen stellen. Ob Sie diese am Ende des Gesprächs oder zwischendurch stellen, kommt ganz auf Ihr Gegenüber und seine Vorlieben an.

Vor allem bei Vorstellungsgesprächen wird es gern gesehen, wenn Sie am Ende einige Fragen parat haben. Damit zeigen Sie, dass Sie sich stark interessieren und den Job gern bekommen würden. Deshalb lohnt es sich, wenn Sie sich im Vorfeld eines Bewerbungsgespräches oder dergleichen einige Fragen zurechtlegen, gerne auch notieren und diese mitbringen. Sollte es dann der Fall sein, dass im Laufe des Gesprächs bereits all Ihre Fragen beantwortet wurden, sagen Sie dies ruhig, wenn Ihnen am Ende die Möglichkeit gegeben wird, Fragen zu stellen. „Tat-sächlich haben sich mir einige Fragen im Vorfeld gestellt, aber diese haben Sie bereits im Laufe unseres Gesprächs beantwortet." Dies stellt Sie in einem besseren Licht dar, als wenn Sie am Ende einfach verneinen.

Monologe vermeiden

Es passiert schnell, dass Sie bei Themen, für die Sie förmlich brennen, in einen gewissen Rede-fluss verfallen und ohne Punkt und Komma sprechen könnten. Dies ist einerseits beeindruckend, da Sie damit signalisieren, wie wichtig Ihnen etwas ist, andererseits kann es schnell ab-schreckend und langweilig werden, wenn Sie quasseln wie ein Wasserfall. Deshalb geben Sie sich selbst Atempausen und Ihren Zuhörern und den anderen Gesprächsteilnehmern die Möglichkeit, ebenfalls etwas zur Thematik beizutragen. Dazu können Sie beispielsweise Fragen stellen oder Ihren Gegenüber um seine persönliche Meinung bitten.

Erwartungen und Aussagen klar und präzise darlegen

Seien Sie in Ihren Aussagen klar verständlich und erläutern Sie auch eventuell entgegengebrachte Erwartungen gründlich. Es ist sehr ärgerlich und sorgt auf beiden Seiten für Unmut, wenn eine Erwartung schwammig kommuniziert und dadurch nicht eingehalten wird. Die eine Partei weiß dann oftmals nicht, was genau sie falsch gemacht hat, während die andere Partei sich über eine nicht eingehaltene Abmachung ärgert. Solche Erwartungen gibt es überall im Leben, ob im Berufsleben oder auch zuhause im privaten Haushalt, mit den Ehepartnern oder den eigenen Kindern. Nehmen Sie sich die Zeit, Aufgaben, die mit Erwartungen verbunden sind, klar zu definieren und zu kommunizieren. Ärgern Sie sich über etwas, geben Sie dies präzise wieder. Ihr Gegenüber kennt oftmals nicht alle Fakten und kann Ihnen die Gedanken und Gefühle ja auch schlecht an der Nasenspitze ansehen, wenn Sie sie nicht aussprechen.

Seien Sie großzügig mit Lob

Je mehr Lob ein Mensch erntet, desto glücklicher ist er. Eine Tatsache, die sogar wissenschaftlich untersucht und belegt wurde. Durch die Glückshormone, die ein Lob und eine entgegengebrachte Anerkennung auslösen, wird der Mensch in positive Stimmung versetzt. Lob und Anerkennung macht Sie also nicht nur glücklich, es motiviert Sie auch. Wenn Sie dies bereits einmal am eigenen Leib erfahren haben, wissen Sie genau, dass Sie dadurch auch Mitarbeiter oder Familienmitglieder motivierter und enthusiastischer halten können.

Unterbrechen Sie nicht

Die Höflichkeit gebietet es, dass Sie Ihr Gegenüber ausreden lassen. Auch in einem Streitgespräch oder bei erhitzten Gemütern signalisieren Sie dadurch, dass Sie ihn oder sie ernst nehmen und sich ehrlich mit dem Thema auseinandersetzen. Es spricht für Ihren guten Charakter und Sie zeigen damit Respekt und Anerkennung. Letztendlich heißt es nicht, dass Sie dem Gesagten zustimmen, Sie dürfen sehr wohl Gegenargumente anbringen und Ihre eigene Meinung vertreten.

Umgang mit Gefühlen

Emotionen in eine Unterhaltung einfließen zu lassen, ist ein zweischneidiges Schwert. Hier sollten Sie unbedingt darauf achten, dass diese Emotionen Sie nicht überwältigen, denn so ist jedes sachliche, faire Gespräch zum Scheitern verurteilt. Das komplette Herausnehmen der Emotionen aus einem Gespräch ist allerdings auch nicht ratsam. So vermitteln Sie schnell den Eindruck von Desinteresse und Ihr Gegenüber fühlt sich nicht ernst genommen.

BEEINDRUCKEND PRÄSENTIEREN

„Präsentieren" ist ein Wort mit vielen Bedeutungen. Sie können einen PowerPoint-Vortrag präsentieren, jemandem ein Geschenk präsentieren, Sie können Ihre Firma präsentieren - und zu guter Letzt können Sie auch sich selbst präsentieren. Sie stellen sich so dar, wie Sie gesehen werden wollen. Vermeiden Sie es unbedingt, sich vor gewissem Publikum verstellen zu wollen. Dies ist anstrengend und zieht Ihre Aufmerksamkeit von dem ab, was wirklich wichtig ist: Ihrem Vortrag und der Präsentation. Seien Sie deshalb ganz Sie selbst.

Vorbereitungen

Als guter Präsentator bedarf es einiger Vorbereitungen. Achten Sie auf einen angemessenen Kleidungsstil. Sie müssen nicht im perfekt sitzenden Anzug kommen oder im Kostüm mit Minirock, was allerdings Pflicht ist, ist ordentliche, saubere Kleidung. Ihre Zuhörer werden ebenso viel Zeit damit verbringen, Sie zu beobachten, wie die Präsentation zu beobachten.

Seien Sie stets pünktlich und gut vorbereitet. Sorgen Sie dafür, dass die Technik funktioniert, überprüfen Sie diese im Vorfeld mehrmals, und zwar nicht nur mit dem technischen Setup zu-hause, sondern auch am Ort Ihrer Präsentation, also beispielsweise im Büro oder auf dem Kongress.

Haben Sie Ihre Notizen parat und schreiben Sie diese groß und leserlich, damit Sie die Notizzettel nicht vors Gesicht halten müssen, beziehungsweise wenn Sie die Notizfunktion Ihrer Vortragssoftware nutzen, sorgen Sie für eine gut sortierte und strukturierte Notizführung.

Ölen Sie Ihre Stimme vor dem Vortrag mit ausreichend Wasser und seien Sie sich Ihrer Sache sicher. Nervosität ist, vor allem zu Anfang, vollkommen okay. Sagen Sie sich immer wieder: Ich habe mich ausreichend vorbereitet und bin für alle Eventualitäten gerüstet. Was jetzt noch schiefgeht, verbuchen Sie als Learning!

Ressourcennutzung während der Präsentation

Letztendlich ist eine Präsentation nichts weiter als ein gut geführtes Gespräch, das Sie noch durch Bildmaterial unterstützen. So können Sie die wichtigsten Kernaussagen visualisieren und bildlich darstellen. Dies hat den Vorteil, dass Ihre Zuhörer gleichzeitig zu Zuschauern werden und sowohl über ihre Ohren als auch über ihre Augen die von Ihnen ausgesendeten Informationen aufnehmen und sie dadurch besser abspeichern.

Sehen Sie Ihre Präsentation am besten als ein ganz normales Gespräch an. Dies ermöglicht Ihnen die Nutzung all der Dinge, die Sie sonst auch zur Verfügung haben, Ihre Körpersprache, Ihre Gestik und Mimik, der Augenkontakt mit Ihren Zuhörern, was vor allem für Präsentationen im kleineren, firmeninternen Bereich besonders wichtig ist. Sprechen Sie Ihre Zuhörer, außer Sie sprechen auf einem Kongress mit Dutzenden Teilnehmern, zwischenzeitlich mit Namen an, gehen Sie auf sie ein, lesen Sie ihre Körpersprache und das aktive Feedback!

Eine andere Möglichkeit, Ihre Zuhörer mit einzubinden, ist es, aktiv Fragen zu stellen. Nutzen Sie auch hier offene Fragen, die nicht nur mit Ja oder Nein beantwortet werden können, lassen Sie andererseits Rückfragen von den Teilnehmern zu. Fragen, die an Sie gestellt werden, signalisieren Ihnen ein reges Interesse. Deshalb sind sie in sämtlichen Formen willkommen und sollten von Ihnen gern angenommen werden. Es ist übrigens keine Schande, wenn Sie eine Frage nicht zufriedenstellend beantworten können. Begehen Sie nicht den Fehler, nun ausweichend zu antworten oder schwammige, allgemeingültige Aussagen zu treffen, sondern sagen Sie klipp und klar, dass Sie diese Frage nicht abschließend klären können. Stattdessen machen Sie dem Frage-steller ein Angebot. Sie können die Antwort auch im Nachgang quasi nachreichen. So haben Sie Zeit, zu recherchieren, und gehen auf Nummer sicher, nichts Falsches zu sagen. Dies wird Sie nicht inkompetent erscheinen lassen, sondern im Gegenteil: Es macht Sie sympathisch und das in Sie gesetzte Vertrauen wächst an, da Sie Ihre Mitarbeiter, Ihre Kollegen oder allgemein Ihre Zuhörer nicht anflunkern.

Die Technik

Zu einer Präsentation gehört meistens Bild-, Ton- und oder Videomaterial. PowerPoint und vergleichbare Anbieter warten mit einer Reihe technischer

Möglichkeiten auf, sodass Sie nahezu unbegrenzte Möglichkeiten haben, sich auszutoben. Hierbei gilt jedoch: Nicht immer ist mehr auch besser.

Beachten Sie stets die Art Ihrer Präsentation. Ist es ein medizinischer Fachbeitrag oder stellen Sie in Ihrer Firma, vielleicht sogar Ihren Vorgesetzten, die Projektarbeit vor, so sollten Sie auf aufsehenerregende Effekte, grelle Schrift, blinkende Bilder und Toneffekte verzichten. All dies können Sie bei Präsentationen anwenden, die Sie auf einer Hochzeit, einer Geburtstagsfeier oder einem anderen, spaßigen Event halten wollen.

Geschäftliche Präsentationen werden schlicht und einfach gehalten. Achten Sie auf eine über-sichtliche Gestaltung der Folien, mit wenig Text und aussagekräftigen Bildern, die nicht zu voll-gefrachtet sind. In dem Moment, in dem Sie eine neue Folie aufrufen, werden Ihre Teilnehmer zuerst den Text darauf lesen und erst dann wieder mit vollem Ohr bei Ihnen sein. Legen Sie sich deshalb auf wenige Schlagworte fest oder rechnen Sie diese Zeit bei Ihrem Vortrag mit ein.

WORTGEWANDT GESPRÄCHE LENKEN

Die Kunst, Gespräche nach den eigenen Vorstellungen zu lenken, bringt Ihnen einen rhetorischen Vorteil und erhebt Sie zum heimlichen oder auch nicht so heimlichen Gesprächsführer. Beginnen Sie immer damit, zuzuhören. Aktives Zuhören rückt Sie in ein positives Licht. Es wird grundsätzlich lieber mit einem Gesprächsteilnehmer interagiert, der aktiv am Gespräch teilnimmt, mit seiner vollen Aufmerksamkeit zuhört, statt mit den Gedanken bereits woanders zu sein. Gezielte Nachfragen sind eine sehr gute Möglichkeit, Ihrem Gegenüber Ihr Interesse an dem Gespräch zu signalisieren.

Offene Fragen stellen

Nutzen Sie das Nachfragen, um das Gespräch in eine bestimmte Richtung zu lenken. Beachten Sie dabei, dass Sie keine Fragen stellen, die Ihr Gegenüber mit einem einfachen Ja oder Nein be-antworten kann, sondern nutzen Sie sogenannte „offene Fragen“. Dadurch animieren Sie den Gesprächspartner zum Weiterreden.

Vorbereitet sein

Handelt es sich um ein geschäftliches Meeting, so sollten Sie sich stets für das Treffen vorbereitet haben. Sie gehen mit einem bestimmten Ziel in dieses Gespräch, das Sie nach Möglichkeit er-reichen wollen. Nutzen Sie dazu Ihre Vorbereitung, um sich mit der Thematik vertraut zu machen, mögliche Wissenslücken zu schließen, sich Fragen zurechtzulegen und Argumente zu sammeln, um Ihren Standpunkt zu untermauern. Wenn Ihr Gesprächspartner merkt, dass Sie unvorbereitet sind, wird es ihm leicht fallen, Ihnen die Führung des Gesprächs abzunehmen und damit den Ausgang der Verhandlung zu beeinflussen.

Bleiben Sie fokussiert

Lustige Anekdoten oder Geschichten à la, „Weißt du, was mir letztens passiert ist?", haben in einem geschäftlichen Meeting nichts verloren. Bleiben Sie fokussiert und bei der Sache und lenken Sie nicht ab. Stattdessen wählen Sie kurze, prägnante Sätze, die ohne Umschweife auf den Punkt kommen und Ihrem Gesprächspartner klar und unmissverständlich vermitteln, was Sie sagen wollen.

Namen nennen

Nicht nur wenn Sie mit einem Gesprächspartner zu tun haben, den Sie bisher noch nicht kannten, kann es hilfreich sein, ab und zu den Namen ins Gespräch einfließen zu lassen. Bei bisher unbekannten Personen prägen Sie sich so erstens den Namen besser ein und heben das Meeting auf eine bestimmte persönliche Ebene. Auch bei mehreren Gesprächsteilnehmern behalten Sie so, durch die Rolle des zuweisenden Gesprächsführers, die Oberhand und können das Gespräch leichter kontrollieren.

Gespräche richtig beginnen und gewinnbringend beenden

Ein gutes Gespräch entwickelt sich natürlich mit der Zeit, doch Sie können bereits zu Beginn Ihres Meetings dieses leicht in gute Bahnen lenken. Achten Sie darauf, wie Ihre Gesprächspartner sich aktuell fühlen. Dabei können Ihnen die kleinsten Zeichen in Mimik und Gestik behilflich sein oder Sie beginnen das Meeting auch gern mit einer direkten Frage nach dem Befinden. So können Sie sich im Laufe des Gesprächs besser auf den emotionalen Zustand Ihres Gegenübers ein-lassen und angemessen an den richtigen Stellen des Gesprächs reagieren.

Auch am Ende des Gespräches, nachdem alle Tagesordnungspunkte abgehakt, Vereinbarungen getroffen und Aufgaben verteilt wurden, können Sie mit etwas Geschick auf psychologischer Ebene Punkte sammeln. Verteilen Sie hierzu gern einige Komplimente, doch achten Sie darauf, dass diese Komplimente angemessen sind. Ihr Chef wird sicherlich nicht sonderlich begeistert sein, wenn Sie ihm sagen, dass er heute aber einen perfekten Krawattenknoten hinbekommen hat. Besser komplimentieren Sie ihn auf einer höheren Ebene, beispielsweise, indem Sie ihn auf seinem Fachgebiet um Rat fragen. Damit sagen Sie Ihrem Chef oder Ihrer Chefin durch die Blume, dass Sie seine Expertise auf dem Gebiet anerkennen und Wert auf seine Meinung legen.

Kennen Sie die Situation, wenn ein Gespräch etwas zäh zu Ende geht? Es ist bereits alles gesagt, doch keiner weiß so richtig, wie man zum Ende kommen soll? Inhaltlose und belanglose Floskeln werden ausgetauscht, die weder für Sie noch für Ihren Gesprächspartner einen Inhalt bieten. Jetzt ist es an der Zeit, dass Sie solche peinlichen Momente nicht mehr passieren lassen. Im ersten Schritt fassen Sie das Gesagte kurz zusammen und nennen nochmals alle Aufgabenpunkte, die verteilt wurden und nun abgearbeitet werden müssen. Tauschen Sie Ihre Kontaktdaten aus, insofern Sie sich zum ersten Mal mit einem unbekannten Geschäftspartner getroffen haben. So haben Sie die perfekten Aufhänger, um das Meeting souverän zu beenden.

Unter vier Augen

Gespräche unter vier Augen können Segen und Fluch zugleich sein. In manchen Fällen entwickeln sich solche Gespräche, zumeist dann, wenn die zwei Parteien sich eigentlich nichts Sinnvolles zu sagen haben, zu sehr zähen und unangenehmen Situationen. Diese können Sie sehr leicht auflösen, wenn Sie jemanden zu dem Gespräch dazu einladen, beispielsweise einen Kollegen, der gerade an Ihnen vorbeigeht. Diesen können Sie mit dem Vorhaben heranholen, ihn mit Ihrem Gesprächspartner bekanntzumachen.

CHARMANT SMALLTALK FÜHREN

Wie wir sprechen und uns verhalten, hängt stark von dem Umfeld ab, in dem wir uns momentan befinden. Sie geben sich im familiären Umfeld oder zusammen mit Freunden deutlich lockerer, entspannter und ganz und gar leger. Sie benutzen einen anderen Wortschatz, machen Scherze, lachen ungezwungen und sprechen vielleicht sogar im Dialekt.

Diesen Dialekt verlieren Sie möglicherweise sogar bei der Arbeit, da Sie dort statt einer zwang-losen Sprache eine gehobene Ausdrucksweise an den Tag legen. Sie nutzen einen anderen Wortschatz, kommunizieren über gänzlich andere Themen und geben sich Ihren Kollegen und Vorgesetzten gegenüber professionell distanziert.

Smalltalk ist eine Mischung aus beiden Situationen. Er ist stets unbefangen, spontan und nicht verabredet. Gesprochen wird in umgangssprachlichem Ton, der Umgang ist ungezwungen und locker. Beim Smalltalk zeigen Sie sich nicht gestelzt oder steif, sondern unbefangen und natürlich. Deshalb ist ein gelungener Smalltalk so wichtig - er entscheidet schnell über Sympathie oder Antipathie bei Ihrem Gesprächspartner.

Geeignete Themen für gelungenen Smalltalk

Smalltalk kann grundsätzlich überall betrieben werden beispielsweise in der Warteschlange beim Bäcker, in der Straßenbahn oder mit dem Nachbarn. Dabei bleibt Ihre Themenwahl voll-kommen offen, unterliegt nur einigen, aber sehr wichtigen Einschränkungen. Die oftmals in Klischees oder Romanen angebrachte Frage nach dem Wetter ist absolut ausgelutscht und Sie sollten diesen Gedanken sofort aus Ihrem Repertoire streichen. Auch ernste Themen, die Ihre Gefühlswelt betreffen, wie eine chronische Erkrankung oder der Tod Ihres Haustieres, haben beim Smalltalk nichts verloren, da Sie diesen zumeist mit halb- oder sogar völlig fremden Personen führen.

Stattdessen eignet sich beispielsweise ein Zitat für den Einstieg in den Smalltalk oder eine lustige Anekdote, ein guter Witz oder auch ein kurzes Gespräch über aktuelle Tagesthemen der Nach-richten. Es geht darum, locker und frei zu plaudern. Sie müssen sich hier nicht selbst promoten, also sich selbst bewerben, oder sich in einem besonders profitablen Licht darstellen. Es geht einzig und allein darum, dass Ihr Gesprächspartner die Situation mit einem Lächeln verlässt und Sie seine Stimmung durch den Smalltalk anheben konnten.

Nutzen Sie keine Themen, bei denen Sie sich verkrampfen oder sich stark anstrengen müssen, um folgen zu können. Smalltalk sollte immer leicht von der Leber weggeführt werden. Je weniger Anstrengung Sie in das Gespräch einfließen lassen, umso lockerer und freier können Sie Ihren Smalltalk gestalten. Themen, über die Sie nur unsicher sprechen können, eignen sich nicht für Smalltalk - ebenso wenig Themen, die Ihr Gegenüber anstrengen oder verunsichern.

Vermeiden Sie kontrovers diskutierte Themen, um sich in keine Grundsatzdiskussion verwickeln zu lassen. Themen, die die Gemüter erhitzen, sind schlecht für seichte Gespräche geeignet. Ebenso vermeiden Sie anzügliche Witze, zweideutige Kommentare oder sexistische Floskeln. Sie können damit leicht ins Fettnäpfchen treten und Ihr Gegenüber beleidigen oder kränken.

Stattdessen sprechen Sie über Ihren Beruf. Bei einem Arbeitskollegen können Sie beispielsweise fragen, wie lange dieser schon in der Firma arbeitet, was er oder sie vorher gemacht hat, welche Ausbildung zugrunde liegt oder dergleichen. Auf mehrtägigen Seminaren oder Fortbildungen ist es ein einfacher Einstieg, sich nach dem vorhergegangenen Seminartag zu erkundigen, beispielsweise, ob Ihr Gesprächspartner die Vorträge spannend und hilfreich fand, wie der Dozent eingeschätzt wird oder welches Thema am besten gefallen hat.

Befinden Sie sich auf dem Weg zur Bar, nach einem gelungenen Arbeitstag beispielsweise, können Sie den Einstieg leicht mit der Frage wählen, was Ihr Begleiter trinken möchte.

Generell ist es eine sehr gute Möglichkeit, Smalltalk zu beginnen, indem Sie Fragen stellen. Wählen Sie hierbei unbedingt offene Fragen, die Ihr Gegenüber mit mehr Worten beantworten muss, als nur Ja oder Nein zu sagen. So halten Sie das Gespräch aktiv am Laufen.

Welche Thematik bei welchem Gesprächspartner am besten ankommt, ist Übungssache und verlangt etwas Fingerspitzengefühl. Hierzu ist es von Vorteil, wenn es Ihnen gelingt, Ihren Gesprächspartner zu analysieren. Welchem Umfeld gehört er an, welcher sozialen Schicht, was ist er oder sie von Beruf?

Handelt es sich beispielsweise um einen Kollegen, können Sie Themen wählen, die mit Ihrer beider Beruf zu tun haben. Sprechen Sie mit einem Wildfremden in der U-Bahn, ist es gewagt, als Thematik die Operation von Herzklappendefekten zu wählen, da Sie eher nicht davon ausgehen können, dass der Fremde aus der Bahn ebenfalls Herzchirurg ist.

Guter Smalltalk will gelernt sein

Um sich im Handumdrehen in einen Smalltalk-Profi zu verwandeln, beachten Sie die hier aufgelisteten **Tipps und Tricks** und Ihnen wird nichts mehr im Wege stehen.

- **Körpersprache**: Achten Sie auf Blickkontakt. Achten Sie auf eine offene, einladende Haltung, die von Interesse an Ihrem Gegenüber zeugt. Verschränkte Arme, ein abgewandter Blick oder die Hände in den Hosentaschen sind keine gute Voraussetzung für funktionierenden Smalltalk und schrecken Ihren Gegenüber eher ab.

- **Lächeln**: Bleiben Sie freundlich und höflich. Ihr Gesprächspartner soll Sie schließlich sympathisch finden. Doch er muss Sie nicht mögen. Wenn die Chemie zwischen Ihnen beiden nicht stimmt, ist es kein Beinbruch, den Smalltalk abzubrechen. Bleiben Sie den-noch immer höflich und werden Sie niemals beleidigend, auch wenn Ihr Gegenüber eventuell andere Ansichten hat als Sie.

- **Belanglosigkeiten**: Smalltalk hat keinen tieferen Sinn. Er dient der seichten Unterhaltung. Deshalb sind die Themen, die Sie besprechen werden, nicht weltbewegend. Statt-dessen sind kurzweilige Belanglosigkeiten die bevorzugten Themen. Üben Sie, auch über solche mit Interesse und Offenheit zu sprechen, nicht um der Thematik willen, sondern einzig und allein, um guten Smalltalk zu führen und die Stimmung Ihres Gesprächspartners zu erhellen.

- **Komplimente**: Komplimente werden immer gern angenommen, vorausgesetzt, es handelt sich um ein aufrichtiges, also ehrliches, Kompliment und keine Schmeichelei oder anzügliche Bemerkung. Beachten Sie, dass Frauen andere Komplimente annehmen als Männer und achten Sie auch auf die genaue Reaktion Ihres Gegenübers.

- **Distanz**: Körperliche wie emotionale Distanz zu wahren ist im Smalltalk unerlässlich. Der Ton des Smalltalks bleibt stets unbefangen, deshalb sparen Sie persönliche, ernste Themen, wie Sorgen oder Ängste, unbedingt aus. Beachten Sie die Komfortzone Ihres Gegenübers. Er kennt Sie genauso wenig wie Sie ihn, deshalb ist es sein gutes Recht, Themen, die ihm zu persönlich werden, auszuklammern und mit Ihnen nicht darüber sprechen zu wollen.

- **Gesprächspausen**: Kurze Pausen innerhalb von Gesprächen sind absolut normal und nicht schlimm. Gespräche verlaufen ab und zu im Sand oder Ihr Thema ist zu Ende besprochen. Entweder lassen Sie das Gespräch ruhen oder Sie nutzen die gewonnene Pau-se, um das Gesagte Revue passieren zu lassen. Dabei können Sie sich geeignete Rückfragen überlegen und diese dann Ihrem Gesprächspartner stellen. So lebt das Gespräch wieder auf und Ihr Gegenüber hat gleichzeitig das Gefühl, dass Sie sich für ihn interessieren und gern mit ihm sprechen. Dies schafft über kurz oder lang eine emotionale Vertrauensbasis und letztendlich könnten aus Kollegen, mit denen Sie anfangs nur Smalltalk betreiben, auch irgendwann gute Freunde werden.

Üben Sie immer und überall. Smalltalk ist nicht ans Büro oder die Arbeitsstelle gebunden. Sie können es schon morgen bei Ihrem Postboten üben oder am Bahnsteig, beim Tanken oder an der Ampel in der Fußgängerzone. Es kann nicht mehr passieren, als dass die Gespräche anfangs etwas stockend laufen oder der Angesprochene Sie abblitzen lässt. Das ist überhaupt nicht schlimm und gibt Ihnen die Chance, immer wieder etwas dazu zu lernen. So sind Sie für den nächsten wichtigen Kongress oder den nächsten Smalltalk mit Ihrem Chef bestens gerüstet und vorbereitet. Je sicherer Sie sich fühlen, desto besser wird es laufen!

Tabus beim Smalltalk

Fettnäpfchen lauern überall auf Sie und gerade beim Smalltalk gibt es einige Themen, die Sie unbedingt vermeiden sollten.

- **Lästern**: Zu lästern gehört definitiv nicht zu den gehobenen Umgangsformen und wird in keinem Bereich gern gesehen. Es lässt Sie in einem schlechten Licht dastehen und Ihr Gegenüber wird sich sicherlich fragen, ob Sie bei der erstbesten Gelegenheit nicht auch über ihn oder sie herziehen werden. Außerdem besteht immer die Gefahr, dass Sie damit an die falsche Person geraten. So könnte es sein, dass Sie gerade an einen Freund oder Verwandten der Person, über die sie herziehen, geraten sind.

- **Gerüchte**: Gerüchte verbreiten sich schnell und immer nach dem Prinzip der stillen Post: Jeder fügt ihnen ein persönliches Detail hinzu, verändert ein anderes und lässt die wichtigste Aussage davon weg. Das Gerücht hat nichts mehr mit der Realität zu tun. Deshalb ist es besser, Gerüchten erstens keinen Glauben zu schenken und sie zweitens nicht weiter zu verbreiten. Setzen Sie selbst ein Gerücht in die Welt, das mit der Wahrheit nichts zu tun hat, kann Sie das im Büro im schlechtesten Fall ganz schnell den Job kosten. Gerüchte sind auch nur eine andere Art der Lästerei und damit absolut tabu.

- **Politik**: Es gibt ein paar Themen, die scheiden die Geister auf enorme Weise. Ihre politische Meinung gegenüber einem Fremden zu vertreten, ist nicht nur sinnlos, sondern mitunter auch kein geeigneter Gesprächsbeginn. Möglicherweise ist Ihr ausgewählter Gesprächspartner einer anderen Meinung und unterstützt andere politische Parteien. Das wird Ihren Smalltalk schneller beenden, als er begonnen hat.

- **Persönliches**: Lassen Sie persönliche Themen dort, wo sie hingehören: in den eigenen vier Wänden, innerhalb des eigenen Familien- und Freundeskreises. Ihr Gegenüber ist weder Ihr Psychiater noch ein Priester, der Ihnen die Beichte abnimmt. Sie wollen seichte Gespräche mit einem Lächeln führen und nicht Ihre Midlife-Crisis ausbreiten.

- **Religion**: Ebenso, wie es sich mit der Politik verhält, verhält es sich auch mit religiösen Themen. Da es auf der Welt nicht nur eine Glaubensrichtung gibt, sollten Sie auf religiöse Themen lieber verzichten, da es nicht immer ersichtlich ist, welcher Religion Ihr Gesprächspartner angehört. Um nicht zu beleidigen oder Ihren Gesprächspartner zu verärgern, sparen Sie sich Aussagen über Religion und verschiedene Glaubenssätze.

- **Einsilbige Antworten**: Wer nur mit Ja, Nein oder Aha antwortet, signalisiert reges Desinteresse an einem Gespräch. Das lässt den Smalltalk schnell versiegen. Um den Redefluss am Laufen zu halten, sollten Sie in ganzen Sätzen antworten. Sie bringen damit Ihrem Gesprächspartner den gebührenden Respekt entgegen und zeigen ausgesprochen höfliche und gute Manieren.

- **Finanzen**: Vielen Menschen sind Gespräche über Geld unangenehm. Es handelt sich hier um ein sehr privates und teils verpöntes, also unerwünschtes, Thema. Posaunen Sie nun heraus, dass Sie sich erst kürzlich ein schnelles Auto gekauft haben oder dass Sie nur noch Designerschuhe tragen, verschrecken Sie Ihren Gesprächspartner durch Ihre Arroganz und Oberflächlichkeit und ein ungezwungenes Gespräch wird nicht mehr möglich sein. Schauen Sie stattdessen hinter die finanzielle Oberflächlichkeit und versuchen Sie, Themen auszuwählen, die Ihren Gesprächspartner interessieren und beschäftigen.

- **Fachbegriffe**: Vermeiden Sie unnötigen Fachjargon. Handelt es sich bei Ihrem Gesprächspartner nicht zufällig um einen Kollegen, der dieselben Fachbegriffe beherrscht wie Sie, sollten Sie auf deren Gebrauch vollständig verzichten. Durch das Nutzen von Fachbegriffen wecken Sie kein Interesse, sondern das Gegenteil ist der Fall: Ihr Gesprächspartner wird desinteressiert und gelangweilt, da er Ihnen ohnehin nicht folgen kann. Statt also mit Fremd- und Fachwörtern um sich zu werfen, nutzen Sie umgangs-sprachlichere Begriffe und bleiben Sie auf dem Level einer höflichen Plauderei.

Smalltalk höflich beenden

Egal, ob Sie sich in einem guten oder einem schlechten Smalltalk befinden, irgendwann geht dieser zu Ende. Bleiben Sie dabei stets höflich und korrekt. Sie erwarten dieselbe Höflichkeit auch von anderen Menschen.

Wenn Sie in einen Smalltalk verwickelt wurden, den Sie nicht wünschen oder der sich in eine unangenehme Richtung entwickelt hat, lassen Sie Ihren Gegenüber stets höflich ausreden, ehe Sie sich mit einfachen Worten entschuldigen. Sie müssen keine Gründe nennen oder Ausreden erfinden. Ein schlichtes, aber höflich vorgebrachtes: „Entschuldigen Sie mich bitte, ich möchte noch mit Herrn XY sprechen“, oder, „Entschuldigen Sie mich bitte, ich muss leider weiter“, ist vollkommen ausreichend und angebracht. Bedenken Sie immer, dass im nächsten Gespräch Sie möglicherweise an seiner Stelle stehen und Sie dann dieselbe Höflichkeit und dasselbe Interesse von Ihrem Gesprächspartner erwarten.

Befinden Sie sich im Zeitdruck, werden jedoch von einer wirklich interessanten Person in ein Gespräch verwickelt, dass Sie zu einem späteren Zeitpunkt gern fortsetzen würden, so bringen Sie dies an, lassen sich die Kontaktdaten der Person geben oder geben Ihre eigenen Kontaktdaten heraus. Sie können sich beispielsweise auch in der nächsten Kongresspause am Buffet verabreden, um Ihr Gespräch dort fortzusetzen.

Smalltalk kann Ihnen Tür und Tor öffnen

Richtig durchgeführter Smalltalk kann Ihnen ein wahrer Freund und Helfer sein. Es gelingt Ihnen, neue Kontakte zu knüpfen, Sie lernen, ungezwungen und frei zu sprechen, und Sie trainieren nebenbei Ihr Charisma und Ihr Auftreten. Denken Sie an die in diesem Kapitel angesprochenen Tipps und Tricks und Sie werden bald zum wahren Smalltalk-Profi!

Mit Rhetorik ans Ziel

Die Rhetorik, die Redekunst und die Lehre von der wirkungsvollen Gestaltung von Reden, wie sie der Duden definiert, führt Sie ans Ziel: sich charismatisch, überzeugend zu präsentieren, Ihr eigenes Mindset zu vertreten, andere für sich einzunehmen, der Mittelpunkt des Gespräches zu sein.

MIT STILMITTELN DIE RHETORIK VERBESSERN

Zur eigenen Sprachmanier gehört auch das Benutzen von Stilmitteln. Stilmittel werden im Deutschunterricht in der Oberstufe besprochen und von Autoren und Schriftstellern benutzt, um ihre Texte interessanter und sprachlich spannender zu gestalten. Hinter dem Begriff „Stilmittel" stehen verschiedene sprachliche Gestaltungsmittel, die die Textpassagen vom restlichen Text unterscheiden und abheben. Dadurch werden Textstellen hervorgehoben, sprachlich unterstrichen und besonders betont.

Stilmittel werden oft in fünf Kategorien unterteilt:

1. Wortfiguren: Stilmittel dieser Kategorie weichen von der gewöhnlich genutzten Wort-wahl ab. Beispielsweise fallen Neologismen unter diese Kategorie.

2. Satzfiguren: Bei dieser Art der Stilmittel wird ein ungewöhnlicher Satzbau verwendet. Ein Beispiel ist die Ellipse.

3. Gedankenfiguren: Hier ist der Gedankengang besonders und abweichend von der Norm. Synästhesien fallen in diese Kategorie.

4. Klangfiguren: Diese Stilmittel fallen durch einen besonderen stimmlichen Klang auf. Wiederholungen sind ein Beispiel für Klangfiguren.

5. Sprachliche Bilder: Diese Stilmittel, wie beispielsweise die Stilmittel Symbol oder Synekdoche, veranschaulichen verschiedene Äußerungen auf besonders gute Weise.

In der folgenden Tabelle finden Sie eine Auflistung aller bekannten deutschen Stilmittel. Zusätzlich hierzu sind die Stilmittel mit einer kurzen Erklärung und einem Beispielsatz belegt, um die Verwendung und Einsatzgebiete zu verdeutlichen und anschaulich wiederzugeben. Die Tabelle kann Ihnen eine Hilfe dabei sein, sich Stilmittel anzueignen und diese in Ihre täglichen Gespräche einfließen zu lassen. Nehmen Sie sich die Zeit für eine kurze Übung und versuchen Sie, zu jedem der hier genannten Stilmittel ein oder zwei weitere Beispiele zu erstellen.

Tabelle 1: Stilmittel der deutschen Sprache; Quelle: https://studyflix.de/deutsch/stilmittel-2676

Stilmittel	**Erklärung**	**Stilmittel Beispiel**	**Kategorie**
Allegorie	Darstellung abstrakter Begriffe durch ein komplexes Bild	Der Sensenmann steht mit seiner Sense und der schwarzen Kutte für den Tod.	5
Alliteration	gleicher Anfangslaut benachbarter Wörter	Geiz ist geil; Lidl lohnt sich.	4
Anapher	Wiederholung des gleichen Wortes am Anfang von Sätzen oder Satzteilen	Carglass repariert, Carglass tauscht aus.	2
Antithese	Bezeichnung für einen Gegensatz	Harte Schale, weicher Kern.	3
Apostrophe	direkte Anrede an eine Person/den Leser	Mein Gott, warum hast du mich verlassen?	3
Assonanz	Gleichklang der Vokale (a, e, i, o, u) in benachbarten Wörtern	Ottos Mops hopst fort.	4
Asyndeton	Aneinanderreihung von Wörtern und Satzteilen ohne „und“	Wer, wie, was, wieso, weshalb, warum – wer nicht fragt, bleibt dumm.	2

Chiasmus	Überkreuzte Anordnung von Satzteilen/Sätzen, die einander entsprechen.	Die Kunst ist lang. Und kurz ist unser Leben.	2
Ellipse	Auslassung eines Satzteils, den man leicht ergänzen kann	Wie der Vater (ist), so (ist auch) der Sohn.	2
Euphemismus	beschönigende Umschreibung	„friedlich entschlafen" statt „sterben"; „stilles Örtchen" statt „Toilette".	1
Exklamation	emotionaler Ausruf, erkennbar an einem Ausrufezeichen	Was für ein Chaos!	3
Hyperbel	starke Übertreibung	blitzschnell; todmüde; Bärenhunger	1
Ironie	Aussage, die offensichtlich das Gegenteil meint	„Das ist ja eine schöne Bescherung!" (zum Beispiel als Reaktion auf eine zu Bruch gegangene Vase)	3
Klimax	Steigerung in einer Aufzählung mit mindestens drei Gliedern	Es dauerte Tage, Wochen, Monate, bis ich wieder auf den Beinen war.	2
Litotes	doppelte Verneinung	„gar nicht übel" für „sehr gut"; „nicht gerade wenig" für „sehr viel"	1
Metapher	bildhafte Übertragung einer Bedeutung	die Nadel im Heuhaufen suchen, Warteschlange	5
Neologismus	neu zusammengesetztes/erfundenes Wort; auch *Wortneuschöpfung* genannt	hartzen; twittern	1

Onomatopoesie	Nachahmung von Lauten durch Wörter; auch *Lautmalerei* genannt	knistern: Die Zischlaute „st" ahmen zum Beispiel das Knistern des Feuers nach.	4
Oxymoron	Verbindung von zwei gegensätzlichen Begriffen	Dunkel war's, der Mond schien helle, als ein Auto blitzschnelle langsam um die Ecke fuhr.	1
Parallelismus	gleicher Satzbau von mindestens zwei Satzteilen; Gegensatz zum Chiasmus	Wohnst du noch oder lebst du schon?	2
Personifikation	Vermenschlichung von Gegenständen/abstrakten Begriffen/Tieren	Die Sonne lacht mir entgegen.	5
Reim	Gleichklang zweier Laute am Ende eines Satzes oder Verses	Haribo macht Kinder froh und Erwachsene ebenso!	4
Rhetorische Frage	Scheinfrage, auf die es schon eine klare Antwort gibt	Habe ich dir das nicht gesagt? Machen wir nicht alle mal Fehler?	2
Sarkasmus	beißender, verletzender Spott	Die Hose gab es wohl nicht mehr in deiner Größe?	3
Symbol	vereinfachtes Bild für Abstraktes	Ein Herz steht für die Liebe, eine weiße Taube für den Frieden.	5
Synästhesie	Verbindung verschiedener Sinneswahrnehmungen in einem Ausdruck	„schreiendes Rot": Hier ist das Hören (schreiend) mit dem Sehen (Rot) verbunden.	3
Synekdoche	Verwendung eines Teils für das Ganze, auch *Pars pro toto* genannt	„Klinge" steht für das ganze Schwert; „Den Weihnachtsbaum	5

		anzünden" statt Kerzen anzünden.	
Tautologie	Wiederholung von zwei Begriffen mit **ähnlicher** Bedeutung	für immer und ewig; nie und nimmer	1
Wiederholung	Wiederholung **identischer** Wörter; auch *Repetitio* genannt	Was muss, das muss.	4
Vergleich	Verbindung von zwei ähnlichen Bildern durch ein „als" oder „wie"	schlau wie ein Fuchs; er rannte, als wäre ein Löwe hinter ihm her.	5

UNWICHTIGE FÜLLWORTE ELIMINIEREN

Zu einer gelungenen Rhetorik gehört es ebenfalls, auf bestimmte Füllphrasen und leere Sätze zu verzichten. Werden Sie sich der Wirkung Ihrer Worte bewusst und darüber, ob Sie mit den gewählten Begrifflichkeiten auch wirklich das aussagen, was Sie sagen wollen. Es gibt Dutzende dieser unglücklichen Worte und Sätze, mit denen die eigene Kommunikation schwammiger wird und mehr Spielraum für Definition und Nachfragen zulässt. In der folgenden Auflistung finden Sie einige dieser Worte, gemeinsam mit einer kurzen Erklärung und einer Alternative.

- **Eigentlich**: Relativiert die Aussage und schränkt sie dadurch in ihrem Wert und ihrer Aussagekraft ein. Die Aussage wirkt unsicher.

Beispiel:

- Eigentlich sollten wir das nicht tun.

↓

- **Das sollten wir nicht tun!**

- **Konjunktiv „würde":** Der Konjunktiv zeugt von Unsicherheit und lässt Spielraum für Zweifel und Hinterfragung.

Beispiel:

- Ich würde die Meinung vertreten, dass ...

↓

- **Meine Meinung ist, dass ...**

- **Glauben**: Sie glauben etwas, heißt, dass Sie es nicht wissen. Hier wird ebenfalls Unsicherheit erzeugt.
Beispiel:
- Ich glaube, ich kann das schaffen.

↓

- **Ich bin der festen Überzeugung, dass ich das schaffen kann!**

- **Vielleicht**: Ein Füllwort ohne eine klare Ja- oder Nein-Aussage. Es lässt Ihren Gesprächspartner in der Luft hängen und zeugt von Desinteresse Ihrerseits.
Beispiel:
- Vielleicht habe ich Zeit.

↓

- **Ja, ich habe Zeit. Nein, ich habe leider keine Zeit.**

- **Füllwörter, wie Äh, Ähm**: Streichen Sie diese aus Ihrem Wortschatz. Es passiert unbewusst, wenn Sie unsicher sind oder mit dem Denken noch nicht weit genug, um es auch aussprechen zu können. Nutzen Sie hier lieber eine kurze Sprechpause oder trinken Sie einen Schluck, ehe Sie antworten. Sich diese Füllwörter abzugewöhnen, dauert in der Regel eine längere Zeit. Machen Sie sich den Gebrauch immer wieder bewusst, sprechen Sie langsam und seien Sie immer voll bei der Sache, das macht es Ihnen leichter, die Füllwörter herauszulassen.

- **Trotzdem**: Trotz - dieses Wort steckt hier mit drin. Und genauso wird es auch verstanden. Eine Erwiderung mit „trotzdem" zu versehen, kann leicht als Provokation und Anzweifeln der Kompetenz verstanden werden.
Beispiel:
- Sehe ich auch so, trotzdem ist es so ...

↓

- **Ich stimme Ihnen hier zu. Gerne würde ich noch etwas ergänzen.**

- **Nie**: Ein resolutes Wort und ein abschließendes Wort ohne Kompromissbereitschaft. Die Verwendung impliziert von vornherein, dass dies nie geschehen wird, und wertet damit mögliche entgegengesetzte Handlungen ab.
Beispiel:
• Nie bist du für mich da!

↓

• **Du warst in letzter Zeit sehr beschäftigt, wann können wir uns mal Zeit nur für uns nehmen?**

- **Aber**: Dieses Wort ist mitunter negativ behaftet und wird schnell missverstanden als eine abschätzende, herabwürdigende Aussage.
Beispiel:
• Ich bin Ihrer Meinung, aber ...

↓

• **Ich bin Ihrer Meinung und möchte noch ergänzend hinzufügen, dass ...**

- **Müssen**: Dieses Wort ist Ausdruck einer Pflicht, die erfüllt werden muss. Pflichten sind oftmals negativ behaftet, da sie keine Freude machen. Ersetzen Sie „müssen" durch „wollen" oder „möchten", diese Worte sind positiv behaftet, da Sie damit klar aussagen, dass Sie etwas gern tun.
Beispiel:
• Ich komme erst später, ich muss noch mit dem Hund spazieren gehen.

↓

• **Ich komme etwas später, ich möchte vorher noch mit dem Hund spazieren gehen.**

SCHWARZE RHETORIK

Diese Art der Rhetorik selbst anzuwenden, ist nicht ratsam. Bei schwarzen Rhetorikern handelt es sich um Menschen, die nur so tun als ob. Durch Schwindeln, Falschdarstellung, Schmeicheleien und Täuschungsmanöver geben diese vor, Ahnung von bestimmten Themen zu haben, obwohl sie eigentlich keine Experten sind, manchmal sogar weniger wissen als der Durchschnitt.

Um nicht selbst auf einen Menschen hereinzufallen, der schwarze Rhetorik praktiziert und ein-setzt, sollten Sie gewisse Warnhinweise kennen. Stellen Sie Fragen zum Thema. Weicht Ihr Gegenüber aus oder beantwortet direkte Fragen schwammig und mit allgemeingültigen Aussagen, sollten Ihre Alarmglocken schrillen. Gelingt es Ihnen hier, durch mehrmaliges gezieltes Nachfragen den Schwindel zu entlarven, können Sie sich mit Fug und Recht als geübter Rhetoriker be-zeichnen.

Auch Schmeicheleien sollten Sie stutzig machen. Diese sind eine weitere Art der Täuschung und sollen durch das Erzeugen von Zuneigung und Nähe ablenken. Dies macht Sie angreifbar, denn wenn es Ihrem Gegenüber gelungen ist, Sie um den Finger zu wickeln und eine gewisse Sympathie zu erzeugen, werden Sie eher gewillt sein, auf Hilfsfragen oder Wünsche einzugehen. Dies sind dann Menschen, die Ihren guten Willen und Ihre freundliche Art schamlos ausnutzen und von Ihnen profitieren wollen.

Lügen zählt ebenfalls zum Bereich der schwarzen Rhetorik. Einen guten Lügner enttarnen Sie nicht mal nebenbei. Achten Sie hier auf die Körpersprache. Passen Mimik und Gestik zum Gesagten? Oder gibt es kleinste Anzeichen von Unsicherheit oder Nervosität, wie beispielsweise das Berühren der Nase mit dem Finger, das nervöse Zucken der Augen oder fahrige, gestresst wirkende Bewegungen? Wenn Sie sich mit dieser Thematik näher befassen wollen, gibt es hervor-ragende Bücher zum Thema. Auch das Weglassen wichtiger Details zählt zum Punkt Lügen dazu. Hier verschafft sich Ihr Gegenüber einen Vorteil, indem er die Dinge so auslegt, wie er sie gern hätte, und durch das Verschweigen wichtiger Details seine Version der Geschichte als glaubhaft präsentiert.

Sogenannte Killerphrasen sind K.O.-Redewendungen, die ein Hinterfragen abblocken sollen. Damit wird die Diskussion verkürzt und die Person kommt zu dem Ziel, welches sie bezweckt hat. Beispielsweise können Sätze wie, „Das ist nicht in die Praxis umzusetzen, da es sowieso nicht funktioniert“, oder, „Das funktioniert doch nur in der Theorie und nicht in der Praxis!“, Gespräche schnell ins Stocken bringen und Diskussionen frühzeitig beenden. Hier liegt es an Ihnen, zu kontern und beispielsweise zu antworten: „Solche Totschlagargumente sollten uns nicht daran hindern, es auszuprobieren. Wir geben dem Ganzen auf jeden Fall eine Chance!“

Personen, die mit schwarzer Rhetorik arbeiten, ist teils schwer zu begegnen. Hier liegt es ganz an Ihnen, die Flunkereien und Todschlagargumente frühzeitig zu erkennen und abzublocken.

Durch Wortschatz den Gesprächspartner einfangen

Als Wortschatz wird die Gesamtheit aller Wörter einer Sprache bezeichnet. Doch auch einzelne Personen verfügen über einen höchst individuellen Wortschatz. Hierbei sind all diejenigen Wörter gemeint, die diese individuelle Person kennt. Die Worte können dabei aus mehreren Sprachen oder Dialekten stammen. Dieser individuelle Wortschatz kann in zwei Bereiche unterteilt werden. Der rezeptive Wortschatz ist derjenige Wortschatz, den die Person verstehen kann. Hierin sind alle Worte enthalten, die nicht aktiv genutzt, aber beim Hören oder Lesen verstanden werden können. Der produktive Wortschatz ist dementsprechend der Wortschatz, der von der Person aktiv angewendet wird. Er ist zumeist deutlich kleiner und verändert sich im Laufe des Lebens, durch Erfahrungen und Lernen, ständig.

Ein gutes Beispiel hierfür sind die von den Jugendlichen gebrauchten Trendwörter. Im Laufe eines Jahres werden Wörter neu etabliert und regelrecht zum Trend heraufgehoben. Plötzlich nutzt jeder, der etwas auf sich hält, dieses Wort, bis es genauso schnell wieder verschwindet und durch ein anderes Wort ersetzt wird.

Der produktive Wortschatz kann auch an bestimmte Gesprächspartner oder Situationen angepasst werden. Beispielsweise werden in der Arbeit zumeist andere Begriffe und Begrifflichkeiten verwendet, unter anderem sind dies Fachbegriffe oder berufsspezifische Bezeichnungen. Diese Worte werden Zuhause oder bei Unterhaltungen mit Freunden eher selten angewendet, dafür tauchen dort Worte auf, die im Berufsleben kaum bis gar nicht genutzt werden.

WOHER STAMMT IHR WORTSCHATZ?

Der Beginn des Erlernens Ihres eigenen Wortschatzes liegt bereits in der Zeit kurz nach Ihrer Geburt. Das menschliche Gehirn lernt das am besten, was es ständig präsentiert bekommt. So stammt der Wortschatz, den wir als Kinder gebrauchen, nahezu vollständig von unseren Eltern und unserer Familie. Später werden Worte im Kindergarten oder in der Schule erlernt. Auch durch das Lesen vieler verschiedener Bücher, Sachbücher, Schulbücher, Romane oder Comics und auch durch den Konsum von Serien und Filmen wird der eigene Wortschatz erweitert. Ganz neu gehören auch die Sozialen Medien, wie Instagram oder Facebook, inzwischen zu den Plattformen des Lernens hinzu. Nicht nur Jugendliche können dort ihren Wortschatz mit teils sehr interessanten Wörtern erweitern. Es ist ein ständiges Erlernen neuer Begrifflichkeiten. Später im Studium oder der Ausbildung kommt das berufsspezifische Vokabular, also der Fachjargon dazu.

19 TIPPS, UM DEN EIGENEN WORTSCHATZ ZU ERWEITERN

1. Zuhören: äußere Einflüsse prägen Ihren Wortschatz. Lauschen Sie Gesprächen nicht nur passiv, sondern hören Sie aktiv zu. Fallen Worte, die Ihnen unbekannt sind, können Sie sich diese im Zweifel sogar notieren und später im Duden nachschlagen. Lassen Sie sich hierbei nicht ablenken und erinnern Sie sich immer wieder daran, dass jeder Mensch andere Begriffe kennt und nutzt. So können Sie von jedem etwas lernen, nicht nur von Menschen, die gebildeter sind als Sie, sondern auch vom kleinen Jungen von nebenan. Die einleuchtende Erklärung hierfür ist, dass sich die Sprache und der Wortschatz des-halb unterscheiden, da jeder Mensch andere Interessensgebiete hat, sich dementsprechend mit anderen Menschen umgibt, andere Bücher liest und andere Serien konsumiert.

2. Lesen: Fachartikel, Zeitschriften, Romane, Blogartikel, Social Media-Postings, Sachbücher oder Comics - jegliche Lektüre wartet mit allerhand Worten auf. Dieses Buch beispiels-weise umfasst mehr als 27.000 Worte! Sicherlich sind einige davon neu für Sie. Notieren Sie sich diese, schlagen Sie sie nach und pflegen Sie sie in Ihren eigenen Wortschatz ein. Besonders Bücher aus vergangenen Epochen bringen Ihnen hier einen enormen Zu-wachs an neuen Worten, da sich die Wortwahl und der Gebrauch auch mit der Zeit und durch den Einfluss verschiedener Kulturen stark verändert.

3. Synonyme: Es wäre überraschend langweilig – oder öde, eintönig, einfallslos, gleichförmig, stumpfsinnig, trocken, blass und einerlei – wenn es für eine bestimmte Bedeutung nur ein einziges Wort gäbe. Stattdessen wartet die Sprache mit teils Dutzenden Synonymen auf, also mit Worten, die sich selbst sinnverwandt sind. Synonyme sind Worte mit gleicher oder ähnlicher Bedeutung, die in bestimmten Zusammenhängen miteinander austauschbar sind. Synonyme sorgen für Abwechslung im Sprachgebrauch. Sodass Sie nicht immer nur „langweilig“ sagen müssen, sondern auch die anderen Begriffe verwenden können. Sonst wird Ihre Sprache schnell langweilig und einschläfernd für Ihre Zuhörer.

4. Lyrik: Lyrik gibt es in Form von Gedichten oder Songtexten. Da bei beiden Formen der Kunst nicht viel Platz ist, etwas lang und breit zu beschreiben, wie es beispielsweise bei einem Roman der Fall ist, nutzen Autoren und Songwriter für Gedichte und Songtexte gezielt bestimmte Worte, um mit deren großer Tragweite und Bedeutung beim Leser oder Hörer bestimmte Emotionen auszulösen.

5. Wortfelder: Sie können anhand eines Wortfeldes Ihr Vokabular zu einem bestimmten Thema vertiefen. Beispielsweise können Sie in die Mitte Ihres Wortfeldes das Wort „Hören“ setzen. Rundherum ordnen Sie nun alle Worte, die mit „Hören“ im Zusammenhang stehen. Beispiele hierfür sind: Ohren, zuhören, Zuhörer, Hörgerät, horchen, lauschen etc.

6. Umschreibungen: Haben Sie als Kind gern das Wortspiel „Tabu“ gespielt? Dieses ist eine perfekte Übung, um Ihren Wortschatz zu erweitern. Hierbei muss ein Begriff um-schrieben werden, ohne dass Sie dabei bestimmte Worte, die mit diesem Begriff assoziiert werden, nutzen dürfen. Beispielsweise kann die Aufgabe lauten, Pantomime zu be-schreiben. Worte wie lautlos, sprechen, und gestikulieren dürfen dabei nicht verwendet werden. Das Spiel regt Ihre Fantasie an und Sie beginnen, Metaphern und Synonyme zu finden.

7. Texte analysieren: Die eigenen Texte sagen sehr viel über Ihren Wortschatz aus. Hier können Sie alles an geschriebenem Wort analysieren, das Sie zu Papier gebracht haben. Beispielsweise Texte für die Arbeit oder eine vorbereitete Rede, eine Präsentation, die Sie stichpunktartig zusammengefasst haben.

Achten Sie auf Begriffe, die Sie häufig verwenden, und suchen Sie sich passende Synonyme, stellen Sie Ihre Sätze um oder streichen Sie Füllwörter. Lesen Sie sich Ihre Texte auch einmal selbst laut vor und versuchen Sie, sich dabei in Ihre Zuhörer hineinzuversetzen. Erzeugt Ihr Text Langeweile? Oder ist Ihnen die ungeteilte Aufmerksamkeit Ihrer Zuhörer sicher?

8. Aktiv fernsehen: Genauso wie das Lesen von Büchern kann Ihnen auch das Konsumieren von Serien oder Filmen eine Hilfe für den eigenen Wortschatz sein. Dabei ist das Adjektiv „aktiv" besonders wichtig. Sich einfach nur berieseln zu lassen und vielleicht sogar vor dem Fernseher einzuschlafen, wird Ihren Wortschatz nicht verbessern. Nehmen Sie stattdessen Stift und Notizblock zur Hand und schreiben Sie interessante Worte und Redewendungen direkt auf.

9. Nachfragen: Benutzt Ihr Gesprächspartner vielleicht den einen oder anderen Fachbegriff, den Sie nicht verstehen, so können Sie auch aktiv nachfragen, was diese bedeuten. Dadurch sparen Sie sich das Nachschlagen im Duden und Ihr Gesprächspartner nimmt wohlwollend Ihr Interesse an seinem Vortrag wahr.

10. Antonyme: Antonyme sind wie Synonyme, nur umgekehrt. Antonyme Worte beschreiben genau das Gegenteil voneinander. Klassische Beispiele hierfur sind: schwarz - weiß, klein - groß, arm - reich, dick - dünn.

11. Spieleabende: Erstens sitzen Sie mit Freunden zusammen und fördern Ihre sozialen Kontakte, zweitens können Sie diese Freunde „belauschen " und sich deren Wortschatz aneignen. Und drittens können Sie auf Spiele zurückgreifen, die einen Effekt für Ihren Wortschatz haben, wic beispielsweise das eben bereits erwähnte „Tabu", „Scrabble" oder „Activity".

12. Kreuzworträtsel: Auch eine wunderbare Möglichkeit, den eigenen Wortschatz zu verbessern, ist das Lösen von Kreuzworträtseln. Hier wird das Gehirn effektiv trainiert, sich mit der Suche nach Synonymen und Lösungen zu beschäftigen. Es gibt übrigens eine Stu-die, die besagt, dass das regelmäßige Lösen von Kreuzworträtseln das Leben verlängern kann.

13. Hilfsverben ersetzen: Bei Hilfsverben handelt es sich um folgende Verben: werden, tun, machen, sein, haben. Diese werden im normalen Sprachgebrauch nahezu ständig benutzt. Versuchen Sie, die Hilfsverben durch vollwertige

Verben zu ersetzen. Der vorherige Satz könnte dann beispielsweise lauten: Diese Hilfsverben benutzen die Menschen im normalen Sprachgebrauch nahezu ständig.

14. Satzbau: Variieren Sie Ihre Sätze. Kurze Sätze liefern prägnante Aussagen, aber längere Sätze, die vielleicht auch aus mehreren Nebensätzen zusammengesetzt sind, regen Ihre Denkfähigkeit und die Fähigkeit zur Bildung von Verknüpfungen an. Sie trainieren damit die beiden Hirnregionen, die zum Verständnis von Sprache und Worten nötig sind, und sorgen dafür, dass die Myelinschicht zwischen der Broca- und der Wernicke-Region an Dicke zunimmt.

15. Adjektive: Arbeiten Sie mit bildlichen Adjektiven. Adjektive sind Worte, die eine Tätigkeit oder eine Sache, oder auch eine Person, näher beschreiben. Dabei wird die Vorstellungs-kraft Ihres Zuhörers angesprochen und es entsteht ein Bild vor dem inneren Auge. Dadurch sichern Sie sich die Aufmerksamkeit und Konzentration Ihrer Zuhörer.

16. Fremdsprachen: Eine sehr gute Möglichkeit, den eigenen Wortschatz in seiner Mutter-sprache zu erweitern, ist es, eine Fremdsprache zu erlernen. Wie das? Nun, ganz einfach: Während des Erlernens der Fremdsprache werden Sie über die Bedeutung vieler Vokabeln stolpern, die mit Worten wiedergegeben wird, die Sie in Ihrem eigenen mutter-sprachlichen Wortschatz so noch nicht eingearbeitet hatten.

17. Euphemismen: Dabei handelt es sich um das Stilmittel der Umschreibung und Beschönigung. Hierbei werden Begriffe, die eine eher negativ behaftete Bedeutung haben, so um-schrieben, dass sich eine positive Bedeutung ergibt. Beispielsweise können Sie das Wort „Kriegseinsatz“ umschreiben mit „friedenserhaltende Maßnahme.“

18. Wörterbücher: Eine Methode, die im ersten Moment etwas trocken klingen mag, ist das Wälzen eines Wörterbuchs. Nehmen Sie sich einen Duden zur Hand und blättern Sie diesen bei Gelegenheit durch. So können Sie leicht und effektiv neue Worte finden und sich diese aneignen.

19. Worte weglassen: Ersetzen Sie für einen vorher festgelegten Zeitraum diejenigen Worte, die Sie häufig benutzen, mit verschiedenen Synonymen. Als Ihre erste Übungsaufgabe können Sie beispielsweise das Wort „gehen“ ersetzen.

Nutzen Sie stattdessen die gesamte Synonym-Palette: spazieren, joggen, rennen, laufen, schlendern usw.

GEHOBENER WORTSCHATZ – DIE SAMMLUNG

Nachfolgend finden Sie einige Worte aufgelistet, die Sie sich sofort aneignen können. Beginnen Sie am besten sofort mit der Umsetzung. Untersuchungen zufolge ziehen Sie den größtmöglichen Nutzen aus der Lektüre dieses Buches, und damit auch aus der nachfolgenden Liste, wenn Sie in den folgenden drei Tagen das angelesene Wissen praktisch umsetzen und es somit direkt festigen.

Ihr neuer Wortschatz A-Z

A

- Adäquat:

- Adjektiv
- stammt vom lateinischen Wort adaequatum
- Bedeutung: angemessen, entsprechend
- Beispiel: Eine adäquate Reaktion auf ein Geschehnis.

- Affront:

- Substantiv
- stammt aus der französischen Sprache
- Bedeutung: Schmähung oder Kränkung; eine herausfordernde Beleidigung
- Beispiel: Das Gesagte fasste sie als Affront auf.

- Ambivalent:

- Adjektiv
- stammt aus dem Lateinischen; ambi bedeutet von zwei Seiten, valens heißt mächtig und stark
- Bedeutung: in sich widersprüchlich, zwiespältig
- Beispiel: ambivalente Gefühle für etwas hegen.

- Antizipieren:

- Verb
- lateinischen Ursprungs
- Bedeutung: vorwegnehmen
- Beispiel: Ich antizipiere das Ende eines Filmes, eines Buches.

- Archaisch:

- Adjektiv
- Ursprung vom griechischen Wort archaios

- Bedeutung: altertümlich, veraltet; vor-, frühzeitlich; der Vor-, Frühzeit angehörend oder aus ihr übernommen, älteren Schichten der Persönlichkeit angehörend
- Beispiel: archaische Erziehungsmethoden, archaisches Frauenbild

- Arkadisch:

- Adjektiv
- damit wurde ursprünglich ein Landstrich in Griechenland bezeichnet, der den Namen Arkadien trägt.
- Heutzutage wird das Adjektiv gleichgesetzt mit: idyllisch, malerisch, verträumt, romantisch
- Beispiel: Diese Landschaft ist arkadisch.

- Arriviert:

- Adjektiv
- stammt aus der französischen Sprache
- Bedeutung: Erfolg haben, Ansehen erlangt haben
- Beispiel: Als Neuankömmling in einem Unternehmen sollten Sie sich an den arrivierten Kollegen orientieren.

- Ästimieren:

- Verb
- Leitet sich aus dem Französischen ab
- Bedeutung: jemanden als Persönlichkeit schätzen, ihm Aufmerksamkeit zuteilwerden lassen; jemandes Leistungen o. Ä. entsprechend würdigen
- Beispiel: Ich ästimiere deinen Versuch, mich zu beeindrucken.

B

- Bacchantisch:

- Adjektiv

- Herkunft aus der lateinischen Sprache
- Bedeutung: ausgelassen, trunken, überschäumend
- Beispiel: eine bacchantische Firmenfete

- Barisch:

- Adjektiv
- Ableitung vom Wort „Bar“ als Messeinheit für Luftdruck
- Bedeutung: den Luftdruck betreffend
- Beispiel: das barische Windgesetz

- Biennal:

- Adjektiv
- Das lateinische Wort biennalis bildet die Ableitung zu diesem Wort.
- Bedeutung: eine zweijährige Dauer aufweisend, alle zwei Jahre stattfindend
- Beispiel: Der biennale Zyklus der Firmenfeier.

- Bigott:

- Adjektiv
- Stammt aus dem Französischen
- Bedeutung: engherzig fromm; scheinheilig
- Beispiel: Eine bigotte Aussage treffen.

- Blasiert:

- Adjektiv
- Herkunft vom französischen Wort blasé, dessen ursprüngliche Bedeutung „von Flüssigkeit übersättigt“ war
- Bedeutung: überheblich, dünkelhaft, herablassend
- Beispiel: Blasiertes Lächeln

- Bonitieren:

- Verb
- Herkunft aus dem lateinischen Sprachgebrauch
- Bedeutung: abschätzen, abstufen (von Böden, auch von Waren)
- Beispiel: Äpfel werden nach festen Kriterien bonitiert.

- Burlesk:

- Adjektiv
- Stammt aus dem Französischen oder auch aus dem Italienischen
- Bedeutung: von derber Komik sein
- Beispiel: Eine burleske Dame.

C

- Changieren:

- Verb
- Ableitung vom französischen Wort changer mit der Bedeutung: wechseln
- Bedeutung: wechseln, tauschen, verändern; verschiedenfarbig schillernde Stoffe
- Beispiel: Heute changieren die Aktienkurse besonders stark.

- Charge:

- Substantiv
- Hergeleitet aus dem Französischen
- Bedeutung: Amt, Rang; Produktionseinheit von Waren. Waren derselben Charge werden im selben Arbeitsschritt und mit denselben Rohstoffen hergestellt. Sie tragen eine Kennnummer, die jede Charge zweifelsfrei identifiziert.
- Beispiel: Die heutige Charge ist mangelhaft und muss entsorgt werden.

- Choleriker:

- Substantiv
- Stammt aus der Typenlehre von Hippokrates, des Arztes aus dem antiken Griechenland
- Bedeutung: leidenschaftlicher, leicht reizbarer Mensch
- Mein Mann ist ein Choleriker.

- Chronometrisch:

- Adjektiv
- Herkunft: Bezug auf die Messung der Zeit (Chronometrie)
- Bedeutung: auf genauer Zeitmessung beruhend
- Beispiel: chronometrische Arbeitseinteilung im Schichtdienst

- Cineast

- Substantiv
- Stammt vom französischen Wort cinéaste ab
- Bedeutung: Filmschaffender; Filmkritiker, Filmkenner; begeisterter Kinogänger
- Beispiel: Du bist ein wahrer Cineast!

- Clochard:

- Substantiv
- Wortursprung aus dem Französischen
- Bedeutung: Stadtstreicher
- Beispiel: Der Clochard ist meist im Fischerviertel anzutreffen.

- Contenance:

- Substantiv
- Wortursprung aus dem Französischen und Lateinischen
- Bedeutung: Fassung, Haltung
- Beispiel: Wahren Sie die Contenance!

- Couragiert:

- Adjektiv
- Abgeleitet vom Wort Courage für Mut
- Bedeutung: beherzt, unerschrocken
- Beispiel: jemandem couragiert zur Hilfe kommen

- Crux:

- Substantiv
- Herkunft aus dem Lateinischen, hier bedeutet crux „Kreuz“
- Bedeutung: Schwierigkeit; Last, Kummer, Leid
- Beispiel: Die Crux ist, dass ich kein Auto besitze.

D

- Debakel:

- Substantiv
- Aus dem Französischen stammend
- Bedeutung: unheilvoller, unglücklicher Ausgang
- Beispiel: Das Meeting war ein Debakel!

- Decouragiert:

- Adjektiv
- Abgeleitet vom französischen Wort décourager
- Bedeutung: mutlos, verzagt
- Beispiel: Das schlechte Ergebnis hinterließ ihn decouragiert.

- Dedizieren:

- Verb
- Abgeleitet aus dem Lateinischen
- Bedeutung: jemandem zueignen, widmen
- Beispiel: Der Autor dedizierte das Buch seinen Enkelkindern.

- Defilieren:

- Verb
- Herkunft aus dem französischen Wortschatz
- Bedeutung: feierlich an jemandem vorbeimarschieren
- Die Truppe defilierte am Bürgermeister vorbei.

- Deletär:

- Adjektiv
- Herkunft aus dem Lateinischen
- Bedeutung: schädlich, verderblich; tödlich
- Beispiel: eine deletäre Verletzung

- Desaster:

- Substantiv

- Herkunft aus dem Französischen
- Bedeutung: Unglück, Zusammenbruch, katastrophaler Misserfolg
- Beispiel: Das Turnier endete für sie in einem Desaster.

- Desaströs:

- Adjektiv
- Herkunft aus dem Französischen
- Bedeutung: verhängnisvoll, katastrophal
- Beispiel: ein desaströses Autorennen

- Dezidieren:

- Verb
- Abgeleitet aus dem Lateinischen
- Bedeutung: entscheiden, bestimmen
- Beispiel: Ich dezidiere, was wir heute Abend essen werden!

- Drakonisch:

- Adjektiv
- Nachempfunden nach dem Gesetzesreformer Drakon aus Athen. Er war vor allem für besonders strenge Gesetze bekannt.
- Bedeutung: sehr streng
- Beispiel: Der Chef verhängte drakonische Arbeitsmaßnahmen.

- Dünkel:

- Substantiv
- Herkunft aus dem Mittelhochdeutsch
- Bedeutung: durch eine vermeintliche Überlegenheit eine übertrieben hohe Selbsteinschätzung haben, eingebildet oder hochmütig sein
- Beispiel: Dieser Mann strotzt vor Dünkel.

- Durabel:

- Adjektiv
- Stammt aus dem lateinischen Wortschatz.
- Bedeutung: lange anhaltend, lang haltend, dauerhaft
- Beispiel: eine durable Lebensgemeinschaft

E

- Echauffieren

- Verb
- Stammt aus dem französischen Sprachgebrauch
- Bedeutung: sich durch Anstrengung erhitzen; sich aufregen
- Beispiel: Echauffiere dich nicht so, du kannst es nicht ändern.

- Effilieren

- Verb
- Ursprung im Französischen
- Bedeutung: Haare beim Schneiden ausdünnen
- Beispiel: Beim Frisör wurden meine Haare effiliert.

- Eklatant:

- Adjektiv
- Stammt ebenfalls aus dem Französischen
- Bedeutung: offensichtlich, auffällig; ins Auge springend; sensationell, aufsehenerregend
- Bedeutung: Eine eklatante Schlagzeile.

- Elaborat:

- Substantiv
- Stammt aus dem Lateinischen
- Bedeutung: inhaltslos, nicht sorgfältig hergestellte schriftliche Arbeit
- Beispiel: Es war deutlich, dass sie hierbei ein Elaborat vor sich liegen hatte.

- Elidieren:

- Verb
- Herkunft aus der lateinischen Sprache
- Bedeutung: streichen, tilgen
- Beispiel: Elidieren Sie alle Füllwörter in Ihrer Rede.

- Eloquent:

- Adjektiv
- Herkunft: Lateinischer Wortschatz
- Bedeutung: fähig, sich angemessen auszudrücken
- Beispiel: Ihre Sprache ist äußerst eloquent, sodass wir Ihnen gerne lauschen.

- Emanieren:

- Verb
- Stammt aus dem Lateinischen
- Bedeutung: ausströmen
- Beispiel: Das Wasser emaniert aus einem Leck im Schlauch.

- Exorbitant:

- Adjektiv
- Aus dem lateinischen. Exorbitans bedeutet von der Bahn abweichend, vom rechten Weg abweichend
- Bedeutung: gewaltig, außergewöhnlich, enorm
- Die Preissteigerung bei Rennautos in den letzten Jahren ist wahrlich exorbitant!

F

- Fabulieren:

- Verb
- Herkunft aus dem lateinischen Wortschatz. Hier bedeutet fabulari umgekehrt.
- Bedeutung: mit Fantasie schreiben; eine Fabel schreiben; fantasievolle Texte schreiben
- Beispiel: Du fabulierst dir hier etwas ziemlich Abstruses zusammen.

- Fanal:

- Substantiv

- Das französische Wort fanal bedeutet Leuchtfeuer.
- Bedeutung: Leuchtfeuer, Feuerzeichen, Zeichen, welches ein bevorstehendes Ereignis ankündigt.
- Beispiel: Durch das Fanal konnte er auf der einsamen Insel gefunden werden.

- Fatum:

- Subjektiv
- Stammt aus dem Lateinischen
- Bedeutung: Schicksal, Verhängnis
- Beispiel: Egal, wo du dich versteckst, dein Fatum wird dich finden.

- Fiasko:

- Substantiv
- Stammt aus dem Lateinischen
- Bedeutung: Misserfolg, Reinfall
- Beispiel: Die Überraschungsparty war ein absolutes Fiasko.

- Fidel:

- Adjektiv
- Herkunft aus dem Lateinischen. Hier bedeutet fidelis treu.
- Bedeutung: in bester Laune
- Beispiel: ein quietsch fideler Hund.

- Filigran:

- Adjektiv
- Herkunft: lateinisch. Filum ist der Faden; Granum bedeutet Korn
- Bedeutung: sehr fein, feingliedrig
- Beispiel: ein filigran verschnörkeltes Tattoo, ein filigran gearbeitetes Schmuck-stück.

- Flektieren:

- Verb
- Herkunft aus der lateinischen Sprache
- Bedeutung: ein Wort beugen, konjugieren; von einem Wort eine grammatische Form bilden

- Beispiel: Vielleicht solltest du mal lernen, richtig zu flektieren.

- Forcieren:

- Verb
- Herkunft: französische Sprache
- Bedeutung: mit Nachdruck betreiben; ein besonderes Verhalten erzwingen
- Beispiel: Er forcierte sein Entführungsopfer dazu, zu gehorchen.

- Frappant, frappierend

- Adjektiv
- Herkunft: französische Sprache
- Bedeutung: in Erstaunen versetzen, auffallend
- Beispiel: eine frappante, frappierende Ähnlichkeit

- Frivol:

- Adjektiv
- Herkunft aus dem Französischen
- Bedeutung: frech, schamlos; leichtfertig
- Beispiel: eine frivole Ausdrucksweise

G

- Generös

- Adjektiv
- Herkunft vom französischen Wort généreux oder auch aus dem Lateinischen.
- Bedeutung: großzügig, großmütig
- Beispiel: Eine generöse Großtante zu haben, ist wirklich ein Glück.

- Gentil:

- Adjektiv
- Herkunft aus dem Französischen

- Bedeutung: nett, liebenswürdig
- Beispiel: Ein sehr gentiler Mann, den du da hast.

- Gerieren:

- Verb
- Stammt aus dem Lateinischen
- Bedeutung: sich auf eine bestimmte Weise verhalten
- Beispiel: Du gerierst dich, als hättest du den Job bereits bekommen.

- Glorifizierung:

- Substantiv
- Eine Ableitung des Verbs glorifizieren.
- Bedeutung: Verherrlichung
- Beispiel: Glorifizierungen verzerren die Realität, deshalb sind sie so gefährlich.

- Goutieren:

- Verb
- Stammt aus dem Französischen
- Bedeutung: etwas schätzen
- Beispiel: Einen bestimmten Menschen goutieren.

- Grazil:

- Adjektiv
- Herkunft vom lateinischen Wort gracilis, das schlank und dürr bedeutet.
- Bedeutung: zart gebaut, zierlich
- Beispiel: Deine Freundin hat wirklich eine grazile Figur.

- Grotesk:

- Adjektiv
- Der Wortursprung liegt im Französischen.
- Bedeutung: durch Übersteigerung und Verzerrung lächerlich oder unsinnig wirkend
- Beispiel: ein grotesk anmutendes Gemälde.

H

- Habil:

- Adjektiv
- Stammt aus dem Lateinischen.
- Bedeutung: über die Fähigkeit verfügen, etwas zu tun
- Beispiel: Glaube an dich, du bist habil für diese Aufgabe.

- Habitualisieren:

- Verb
- Ursprung in der lateinischen Sprache
- Bedeutung: an etwas gewöhnen, sich etwas angewöhnen
- Beispiel: Die Ziegen habitualisieren sich langsam an ihr neues Gehege.

- Hasardeur:

- Substantiv
- Ursprung in der französischen Sprache
- Bedeutung: jemand, der leichtsinnig hohe Risiken eingeht
- Beispiel: Ohne Fallschirm aus dem Flugzeug zu springen? Du bist wirklich ein Hasardeur!

- Herkulisch:

- Adjektiv
- Es wird abgeleitet von dem Herkules der griechischen Mythologie.
- Bedeutung: typische Eigenschaften des Herkules haben (Stärke); sehr schwierig, eine große Herausforderung darstellend
- Beispiel: Die Aufgabe, die vor ihm lag, war wahrlich herkulisch.

- Herostratisch:

- Adjektiv
- Bedeutung: aus Ruhmsucht Verbrechen begehen
- Beispiel: Die herostratische Art dieses Mannes ist wirklich abstoßend.

- Holografisch:

- Adjektiv
- Herkunft aus dem Mittelgriechischen. Hológraphos bedeutet „eigenhändig geschrieben."
- Bedeutung: eigenhändig geschrieben
- Beispiel: Der holographische Einkaufszettel glich einem mit Hieroglyphen geschriebenen Text.

- Horrend:

- Adjektiv
- Herkunft: Lateinisch
- Bedeutung: Geld betreffend: deutlich mehr als normal, z.B. bei Zinsen, Miete, Preisen
- Beispiel: In München sind die Mietpreise in letzter Zeit horrend angestiegen.

- Hybris:

- Substantiv
- Das altgriechische Wort hýbris bedeutet Vermessenheit.
- Bedeutung: Hochmut, Vermessenheit, Überheblichkeit
- Beispiel: Hybris hat noch jedem das Genick gebrochen.

- Hypochonder:

- Substantiv
- Stammt aus dem Französischen.
- Bedeutung: eine Person, die sich selbst einbildet, krank zu sein
- Beispiel: Hypochonder sind im Krankenhaus nicht gern gesehen, da sie den ganzen Betrieb aufhalten.

I

- Immanent:

- Adjektiv
- Herkunft aus dem Lateinischen

- Bedeutung: vorstellbar, innewohnend
- Beispiel: Mit der Zeit ergab sich das immanente Problem von selbst.

- Imminent:

- Adjektiv
- Herkunft aus dem Französischen
- Bedeutung: drohend, nahe bevorstehend
- Beispiel: Das Gewitter hing einer imminenten Gefahr gleich in der Luft.

- Impertinent:

- Adjektiv
- Herkunft aus dem Französischen
- Bedeutung: aufdringlich, unverschämt, vorlaut
- Beispiel: Die Kinder kamen ihm impertinent nah, während er auf den Bus wartete.

- Implikation:

- Substantiv
- Herkunft aus dem Lateinischen
- Bedeutung: Einbeziehung von etwas in etwas anderes; (Logik, Mathematik): Ver-bindung von zwei Aussagen durch „wenn, dann"
- Beispiel: Manche mathematischen Gesetze bilden eine gemeinsame Implikation.

- Impression:

- Substantiv
- Herkunft: französisch
- Bedeutung: Eindruck, gefühlsmäßig oder durch Sinneswahrnehmung gewonnen
- Beispiel: Das Gewinnen neuer Impressionen auf Reisen.

- Inakkurat:

- Adjektiv
- Herkunft: Lateinisch
- Bedeutung: unsorgfältig
- Beispiel: Eine inakkurat ausgeführte Aussage beinhaltet oftmals grobe

Fahrlässigkeitsfehler.

- Indizieren:

- Verb
- Herkunft: französisch
- Bedeutung: in ein Register aufnehmen; Medizin: sinnvoll sein
- Beispiel: Die Behandlung ist, aufgrund der schwerwiegenden Symptomatik, unbedingt indiziert.

- Irreversibel:

- Adjektiv
- Herkunft aus dem Lateinischen
- Bedeutung: Das Gegenteil zu reversibel (umkehrbar). Nicht rückgängig zu machen, nicht umkehrbar
- Beispiel: Dass du sie verletzt hast, wird sie irreversibel in Erinnerung behalten.

J

- Jargon:

- Substantiv
- Herkunft aus dem Französischen
- Bedeutung: Art und Weise sich auszudrücken
- Beispiel: Deinen Jargon versteht doch niemand!

- Jour fixe

- Substantiv
- Herkunft aus dem Französischen
- Bedeutung: regelmäßig stattfindendes Treffen
- Beispiel: Der Jour fixe kann als erfolgreich angesehen werden.

- Jovial:

- Adjektiv

- Herkunft aus dem Französischen
- Bedeutung: freundlich, entgegenkommend
- Beispiel: Ein joviales Schulterklopfen bestärkt ungemein.

K

- Kakofonisch:

- Adjektiv
- Bedeutung: misstönend, schlecht klingend
- Beispiel: Hört sofort auf mit eurem kakofonischen Orgelspiel!

- Kalamität

- Substantiv
- Herkunft vom lateinischen Wort für Schaden oder Unheil: calamitas
- Bedeutung: missliche, schlimme Lage
- Beispiel: Aus Kalamitäten helfen dir am besten gute Freunde hinaus.

- Kantabel:

- Adjektiv
- Herkunft: Latein
- Bedeutung: sangbar; gesanglich vorgetragen, klingend
- Beispiel: Ein kantabler Text wird in seiner Bedeutung klarer.

- Kaprizieren:

- Verb
- Herkunft: Das Verb leitet sich vom Substantiv Kaprice ab. Kaprice bedeutet so viel wie „eigensinniger Einfall".
- Bedeutung: sich überstürzt auf etwas festlegen
- Beispiel: Dich darauf zu kaprizieren, das durchzuziehen, ist nicht besonders schlau.

- Kapriziös:

- Adjektiv

- Stammt aus dem Französischen
- Bedeutung: launisch, unberechenbar auf attraktive Weise
- Beispiel: Kapriziöse Menschen sind interessant!

- Karikativ:

- Adjektiv
- Ableitung vom Substantiv Karitas.
- Bedeutung: auf der Karitas beruhend, armen und kranken Menschen helfend
- Beispiel: Eine Spendengala wird oft zu karikativen Zwecken ausgerichtet.

- Kohärent:

- Adjektiv
- Herkunft aus dem lateinischen Wortschatz
- Bedeutung: zusammenhängend, verbunden mit
- Beispiel: kohärente Inhalte

- Kurativ:

- Adjektiv
- Das lateinische Wort curare für heilen, kurieren bildet den Ursprung.
- Bedeutung: heilend, heilsam
- Beispiel: In der Medizin werden kurative und präventive Maßnahmen eingesetzt.

L

- Lamento:

- Substantiv
- Herkunft aus dem Lateinischen
- Bedeutung: Gejammer, Trauergesang
- Beispiel: Sie verfiel in lautes Lamento über ihren Ex-Mann.

- Lanzinieren:

- Verb
- Herkunft: aus dem Lateinischen und französischen Sprachgebrauch
- Bedeutung: plötzlich und heftig zu schmerzen beginnen
- Beispiel: Lanziert deine Wunde, solltest du dich umgehend an einen Arzt wenden.

- Lapidar:

- Adjektiv
- Herkunft aus der französischen Sprache
- Bedeutung: kurz und knapp, mit wenigen Worten auskommend
- Beispiel: ein lapidar vorgetragener Vortrag.

- Latent:

- Adjektiv
- Herkunft aus dem Lateinischen
- Bedeutung: vorhanden sein, ohne dabei ersichtlich und erkennbar zu sein; noch versteckt oder verborgen sein
- Beispiel: Eine latente Bedrohung.

- Leger:

- Adjektiv
- Herkunft aus dem Französischen
- Bedeutung: leicht, bequem (bei Kleidung)
- Beispiel: Legere Kleidung ist für ein Treffen mit Freunden gut geeignet.

- Lukullisch:

- Adjektiv
- Leitet sich von dem altrömischen Feldherren Konsuls Lucullus ab.
- Bedeutung: üppig
- Beispiel: Die Tafel ist wirklich lukullisch gedeckt.

M

- Makaber:

- Adjektiv
- Herkunft aus dem Französischen
- Bedeutung: eine groteske Form von Humor; gespenstisch
- Beispiel: ein makabrer Humor

- Malade:

- Adjektiv
- Herkunft: Französisch
- Bedeutung: sich krank fühlen
- Beispiel: Wenn du dich heute malade fühlst, bleib lieber Zuhause im Bett.

- Malheur:

- Substantiv
- Aus dem Französischen stammend
- Bedeutung: Unglücksfall, Missgeschick, Pech
- Beispiel: Ein Malheur ist passiert.

- Maliziös:

- Adjektiv
- Herkunft: Französisch
- Bedeutung: boshaft, hämisch, giftig
- Beispiel: Eine maliziöse Person ist äußerst gefährlich.

- Marginal:

- Adjektiv
- Herkunft aus dem lateinischen Wortschatz
- Bedeutung: am Rande liegend, auf der Grenze liegend; etwas Nebensächliches
- Beispiel: Die marginalen Probleme thematisieren wir heute nicht.

- Marode:

- Adjektiv
- Herkunft: Französische Militärsprache im 30-jährigen Krieg.
- Bedeutung: unpässlich; nicht mehr funktionsfähig, kaputt
- Beispiel: Über marode Brücken sollte man nicht gehen.

- Martialisch:

- Adjektiv
- Herkunft aus dem Lateinischen.
- Bedeutung: grausam, kriegerisch, furchterregend
- Beispiel: Martialische Krieger

- Meschant:

- Adjektiv
- Herkunft aus dem Französischen
- Bedeutung: boshaft, ungezogen, niederträchtig
- Beispiel: eine meschante Person

- Mondän:

- Adjektiv
- Herkunft aus dem Französischen.
- Bedeutung: auf eine modisch elegante Erscheinung bedacht
- Beispiel: Mondän gekleidete Menschen tummelten sich auf der Charity-Aktion.

N

- Nebulös:

- Adjektiv
- Herkunft aus dem französischen Wortschatz
- Bedeutung: verschwommen, unklar
- Beispiel: Was für nebulöse Ideen gehen denn in deinem Kopf vor.

- Nivellieren:

- Verb
- Herkunft: Französisch
- Bedeutung: etwas auf das gleiche Level ausgleichen, etwas begleichen
- Beispiel: Langsam nivellierte der Personalchef die Gehälter aller Kollegen.

- Nonchalant:

- Adjektiv
- Herkunft aus dem Französischen
- Bedeutung: ungezwungen, lässig
- Beispiel: Nonchalant über einen Fehler hinwegzusehen, ist sehr höflich.

O

- Obligat:

- Adjektiv
- Herkunft vom lateinischen Wort obligatus, welches so viel bedeutet wie anbinden, verbinden, verpflichten.
- Bedeutung: unerlässlich, erforderlich; regelmäßig dazugehörend, üblich
- Beispiel: Bei einem Krankenbesuch ist es obligat, einen Blumenstrauß mitzubringen.

- Obskur:

- Adjektiv
- Herkunft aus dem Lateinischen
- Bedeutung: anrüchig, von schlechtem Ruf; unbekannt, mysteriös
- Beispiel: Bei einem obskuren Händler einzukaufen, ist keine gute Idee.

- Obsolet:

- Adjektiv
- Herkunft aus dem lateinischen Wortschatz. Obsoletus bedeutet

unscheinbar, abgenutzt, abgetragen.

- Bedeutung: außer Gebrauch geraten; überflüssig geworden
- Beispiel: Das Nutzen von Kopfhörerkabeln wird bald obsolet sein.

- Olfaktorisch:

- Adjektiv
- Herkunft aus dem Lateinischen
- Bedeutung: den Geruchssinn betreffend
- Beispiel: Der olfaktorische Sinn.

- Ominös

- Adjektiv
- Herkunft aus dem Französischen.
- Bedeutung: verdächtig, zwielichtig; zweifelhaft, anrüchig; seltsam, unheimlich
- Beispiel: Eine ominöse Gestalt kam durch die Gasse immer näher.

- Opulent:

- Adjektiv
- Herkunft aus dem Lateinischen
- Bedeutung: üppig, reichlich
- Beispiel: Ein opulentes Essen.

P

- Panchromatisch:

- Adjektiv
- Herkunft aus dem Griechischen
- Bedeutung: empfindlich für alle Spektralbereiche und Farben

- Paradigma:

- Substantiv
- Herkunft: Lateinisch

- Bedeutung: Muster, Beispiel; kurze, prägnante Erzählung, die zumeist eine Art Moral oder eine daraus ziehbare Lehre beinhaltet; Denkmuster, Schema; grundlegende, wissenschaftliche Denkweise
- Beispiel: Im Beruf oder im Leben einem Paradigma folgen.

- Paradoxie:

- Substantiv
- Herkunft aus dem Griechischen.
- Bedeutung: widersprüchlicher Sachverhalt
- Beispiel: Eine vorliegende Paradoxie ist nicht immer einfach zu lösen.

- Partout:

- Adjektiv
- Herkunft aus dem Französischen
- Bedeutung: unter allen Umständen; unbedingt
- Beispiel: Ich will partout eine Schildkröte als Haustier haben!

- Prononcieren:

- Verb
- Herkunft aus dem Französischen
- Bedeutung: öffentlich aussprechen, erklären; stark betonen, mit Nachdruck aussprechen
- Beispiel: Prononcieren Sie Ihre Worte sorgfältig und klar.

Q

- Querulant:

- Substantiv
- Herkunft vom mittelalterlichen Wort querulans, was sich beklagen bedeutet
- Bedeutung: eine Person, die sich ständig beklagt
- Beispiel: Querulanten sind anstrengend und werden schnell

ausgeschlossen.

- Quintessenz:

- Substantiv
- Die Quintessenz stammt aus dem lateinischen Wortschatz.
- Bedeutung: das Wesen einer Sache
- Beispiel: Die Quintessenz dieser Aussage ist ...

R

- Redundant:

- Adjektiv
- Herkunft aus dem englischen Wortgebrauch des 19. Jahrhunderts
- Bedeutung: mehrfach vorhanden, wiederholt
- Beispiel: Ein redundantes Wetterphänomen.

- Rekursiv:

- Adjektiv
- Bedeutung: auf Regeln, die mehr als einmal bei der Bildung eines Satzes anwendbar sind, zurückgreifen
- Beispiel: Rekursive Strukturen gibt es in jeder Sprache.

- Repetitiv:

- Adjektiv
- Abgeleitet vom englischen Wort repetitive.
- Bedeutung: sich wiederholend
- Beispiel: eine repetitive Arbeit

- Reputation:

- Substantiv
- Herkunft aus dem Französischen
- Bedeutung: Ansehen, Ruf
- Beispiel: Wer eine gute Reputation hat, wird bevorzugt.

- Ressentiment:

- Substantiv
- Herkunft aus dem Französischen
- Bedeutung: Abneigung, Vorbehalte
- Beispiel: Ich habe Ressentiments gegenüber Giftfröschen.

- Revision:

- Substantiv
- Herkunft vom lateinischen Wort revisio oder vom lateinischen Wort revidare.
- Bedeutung: Überprüfung von Gegenständen, Prozessen; Änderung nach Überprüfung
- Beispiel: Nach einer erfolgreichen Revision ist der Herstellungsprozess nun effizienter und schneller.

- Reziprok:

- Adjektiv
- Herkunft aus der lateinischen Sprache
- Bedeutung: wechselseitig, gegenseitig
- Beispiel: Der reziproke Gebrauch gewisser Gegenstände.

- Rigide:

- Adjektiv
- Herkunft vom lateinischen Wort rigidus, was so viel bedeutet wie starr, steif.
- Bedeutung: steif, streng, starr
- Beispiel: Der Unterrichtsstil des Geschichtslehrers ist sehr rigide.

- Rudimentär:

- Adjektiv
- Herkunft aus dem Französischen
- Bedeutung: in Ansätzen; Biologie: unvollständig entwickelt
- Beispiel: Kaulquappen besitzen in den ersten Entwicklungsstadien nur rudimentär ausgebildete Beinchen.

S

- Salomonisch:

- Adjektiv
- Herkunft vom lateinischen Wort salomonicus.
- Bedeutung: weise
- Beispiel: Alte Menschen geben oftmals salomonische Ratschläge.

- Sardonisch:

- Adjektiv
- Stammt vom lateinischen Wort sardonius ab, welches bitteres Lachen bedeutet.
- Bedeutung: boshaft, mit verzerrtem Gesichtsausdruck
- Beispiel: Ein sardonisches Grinsen.

- Separieren:

- Verb
- Herkunft aus dem Lateinischen
- Bedeutung: absondern, trennen
- Beispiel: Kälber werden leider sehr früh von Ihren Müttern separiert.

- Stringent:

- Adjektiv
- Herkunft aus dem lateinischen Wortgebrauch
- Bedeutung: sich streng und ausnahmslos an Regeln halten oder auch einen Plan ohne Abweichungen befolgen; Erklärungen, die schlüssig sind, und gut nachvollziehbar; lückenlose Beschreibungen oder lückenlose Erklärungen
- Beispiel: Die Bankräuber hatten sich einen stringenten Plan zurechtgelegt.

- Süffisant:

- Adjektiv
- Herkunft vom französischen Wort suffisant.

• Bedeutung: selbstgefällig, ein Gefühl von geistiger Überlegenheit zur Schau tragen

• Beispiel: Einen süffisanten Tonfall, ein süffisantes Lächeln zur Schau tragen.

- Surrogat:

• Substantiv

• Herkunft aus dem Lateinischen

• Bedeutung: nicht vollwertiger Ersatzstoff

• Beispiel: Mit Surrogaten können Sie ebenfalls Kaffee kochen.

T

- Theatralisch:

• Adjektiv

• Herkunft aus dem lateinischen Wortschatz. Hier wird das Theater bezeichnet als theatrum.

• Bedeutung: das Theater betreffend; übertrieben in Gestik, Mimik und Verhalten

• Beispiel: Sie ließ sich theatralisch zu Boden sinken.

- Tirade:

• Substantiv

• Herkunft aus dem Französischen.

• Bedeutung: anhaltender Redeschwall

• Beispiel: eine Schimpftirade

- Traktieren:

• Verb

• Herkunft aus dem Lateinischen

• Bedeutung: jemanden schlecht behandeln, jemanden mit etwas Unangenehmen stören

• Beispiel: Menschen, die ihre Tiere mit Schlägen traktieren, werden wegen Tierquälerei angezeigt.

- Transzendieren:

• Verb

• Herkunft vom lateinischen Wort transcendere, das hinübergehend oder überschreiten bedeutet.

• Bedeutung: etwas hinter sich lassen, in einen neuen Bereich übergehen

• Beispiel: Er transzendierte in ein neues Leben.

- Tristesse:

• Substantiv

• Herkunft: Französisch

• Bedeutung: Trübseligkeit, Trostlosigkeit, Traurigkeit; Mangel an Abwechslung

• Beispiel: Dauernd in Tristesse zu verweilen, kann depressiv machen.

- Trivial:

• Adjektiv

• Herkunft: lateinisch

• Bedeutung: ohne weitere Erklärung verständlich; zu simpel, ohne Anspruch

• Beispiel: Die trivialen Mathematikaufgaben konnten alle Schüler schnell und problemlos lösen.

U

- Ubiquitär:

• Adjektiv

• Herkunft aus dem Lateinischen

• Bedeutung: allgegenwärtig, überall verbreitet

• Beispiel: Das Element Sauerstoff ist ubiquitär vorkommend.

- Unilateral:

- Adjektiv
- Herkunft: lateinisch. Uni bedeutet einer, einzig; latus ist die Seite.
- Bedeutung: einseitig
- Beispielsatz: Eine unilaterale Schwellung am linken Schienbein sollten Sie unbedingt röntgen lassen.

- Urban:

- Adjektiv
- Herkunft aus dem Lateinischen
- Bedeutung: städtisch, zu einer Stadt gehörend; weltläufig, gesittet, höflich
- Beispiel: In Stadtnähe ändert sich die Bebauungsstruktur von ländlich zu urban.

- Usurpieren:

- Verb
- Herkunft aus dem Lateinischen, von usupare. Dies bedeutet übersetzt: Besitz ergreifen.
- Bedeutung: etwas durch Gewalt an sich reißen, Besitz aneignen
- Beispiel: Er usurpierte Macht, statt sie mit legalen Mitteln zu erreichen.

- Utopisch:

- Adjektiv
- Herleitung vom Substantiv „Utopie"
- Bedeutung: wünschenswert, aber nicht möglich
- Beispiel: utopische Wertvorstellungen.

V

- Vakant:

- Adjektiv
- Aus dem lateinischen Wortschatz stammend

• Bedeutung: verfügbar, frei, offen

• Beispiel: Bewerben Sie sich in einem Bereich, in dem es viele vakante Stellen gibt, so sind die Chancen auf eine Zusage höher.

- Validieren:

• Verb

• Herkunft vom französischen Wort valider.

• Bedeutung: etwas auf Gültigkeit prüfen; etwas rechtsgültig machen

• Beispiel: In Laboren werden Testsysteme validiert.

- Verbos:

• Adjektiv

• Herkunft aus dem Lateinischen

• Bedeutung: wortreich

• Beispiel: Eine verbose Rede beeindruckt Ihre Zuhörer.

- Veritabel:

• Adjektiv

• Herkunft vom französischen Wort veritable oder vom lateinischen Wort veritas.

• Bedeutung: wahrlich, wahr, wahrhaft, unverfälscht, echt

• Beispiel: Auf veritablen Gegebenheiten basierende Erzählungen.

- Virtuos:

• Adjektiv

• Herkunft aus der lateinischen Sprache

• Bedeutung: meisterlich, eine souveräne Beherrschung einer Sache

• Beispiel: Sie beherrscht das Spiel auf der Violine wahrhaft virtuos.

X

- Xerotisch:

• Adjektiv

- Bedeutung: trocken, eingetrocknet
- Beispiel: eine xerotische Wunde

Y

- Yuppie:

- Substantiv
- Aus dem Englischen stammend: young urban professional
- Bedeutung: karrierebewusster, junger Erwachsener der städtischen Mittelschicht
- Beispiel: Der Typ sieht aus wie ein Yuppie.

Z

- Zampano

- Substantiv
- Bedeutung: Mann, der ein prahlerisches Verhalten an den Tag legt, um zu beeindrucken. Es wird so getan, als könne dieser Mann Unmögliches möglich werden lassen.
- Beispiel: sich aufspielen wie ein Zampano

- Zäsur:

- Substantiv
- Bedeutung: Unterbrechung, Einschnitt; ein Epochenwechsel in der Geschichte
- Beispiel: Seine Kündig war eine tiefe Zäsur in seinem Berufsleben.

- Zeche:

- Substantiv

- Herkunft: aus dem Mittelhochdeutschen stammend
- Bedeutung: Rechnung für Getränke und, oder Speisen, die in einer Wirtschaft konsumiert wurden
- Beispiel: Die Zeche zu prellen ist eine kriminelle Handlung.

- Zyklisch:

- Adjektiv
- Herkunft aus dem Lateinischen
- Bedeutung: regelmäßig, wiederkehrend, wiederholend; kreisläufig, kreisförmig
- Beispiel: Eine zyklisch wiederkehrende Erkrankung.

- Zynisch:

- Adjektiv
- Herkunft aus dem französischen Wort cynique.
- Bedeutung: „boshaft und verletzend; auf grausame, den Anstand beleidigende Weise spöttisch; eine gefühllose, mitleidlose, menschenverachtende Haltung zum Ausdruck bringend, die besonders in bestimmten Angelegenheiten, Situationen als konträr, paradox und als jemandes Gefühle verachtend und verletzend, empfunden wird“
- Beispiel: Zynische Bemerkung

Die bis hier genannten und beschriebenen Fachworte bilden logischerweise nur einen geringen Bruchteil des Wortschatzes der deutschen Sprache, der weit über 500.000 Worte fasst. Nutzen Sie alle bisher beschriebenen Möglichkeiten, Ihren Wortschatz zu erweitern, lesen Sie viel und genreübergreifend, hören Sie bei den Gesprächen aktiv zu, fragen Sie nach, wenn Sie Bedeutungen nicht kennen, und nutzen Sie den Duden als Ihren neuen besten Freund, wenn es um das Erlernen von Worten geht.

Praktische Übungen und Tipps für Zuhause

Im letzten Kapitel dieses Buches sollen noch einmal einige Dinge zusammengefasst und praktisch aufbereitet werden, sodass Sie möglichst leicht und gewinnbringend vom Inhalt dieser Lek-türe profitieren können. All das Wissen in der Theorie ist gut und notwendig, damit Sie ein Gespür für Ihre eigene Ausdrucksweise und die Präsentation Ihrer Person bekommen. Doch nun folgt der Schritt in die praktische Umsetzung dieser Theorie, denn wie der Sänger Kontra K in seinem Lied „Erfolg ist kein Glück" bereits so treffend bemerkte: Talent ist nur Übung und Übung macht den Meister.

ÜBUNGEN FÜR IHR AUFTRETEN

Sicherlich kennen Sie das alte Computerspiel „Die Sims", wo es darum geht, ein Haus zu bauen und die Charaktere ein erfolgreiches Leben führen zu lassen. In diesem Spiel können Sie durch verschiedene Übungen die Fähigkeiten Ihrer Sims auf verschiedenen Teilgebieten verbessern. Unter anderem gibt es dort den Punkt „Charisma", den Sie trainieren, damit Ihre Sims von allen Nachbarn und den eigenen Familienmitgliedern gemocht werden.

Diesen Punkt trainiert Ihr Sim vor dem Spiegel und auch, wenn es sich ziemlich ungewöhnlich und komisch anfühlt, ist dies ebenfalls der Ort für die Übungen, die Sie zur Verbesserung Ihres Auftretens machen können.

Haltungskontrolle im Spiegel

Ein mannshoher Spiegel, in dem Sie sich gut und unverzerrt darstellen können, ist hierfür am besten geeignet. Nehmen Sie sich genug Zeit, sich vor dem Spiegel bequem einzurichten. Nutzen Sie eventuell auch einen Notizzettel, auf dem Sie im Vorfeld die Punkte notiert haben, an denen Sie heute üben wollen, sodass nichts vergessen wird.

Wie Sie gelernt haben, ist die Körpersprache eines unserer wichtigsten

Kommunikationsmittel. Diese an sich selbst einzuschätzen, ist jedoch gar nicht so einfach. Erstens, weil Sie sich selbst schlecht beobachten können, und zweitens sind Sie zumeist so mit anderen Dingen vereinnahmt, dass Sie das Überprüfen Ihrer Körperhaltung schlichtweg vergessen. Deshalb ist es vorteilhaft, wenn Sie in ruhiger und ablenkungsfreier Umgebung trainieren und eine selbstbewusste, engagierte, ausdrucksstarke Körperhaltung in Ihr Innerstes übernehmen.

Dinge, die Sie vor dem Spiegel üben können, betreffen die gesamte Körperhaltung - wie tragen Sie die Schultern, haben Sie einen geraden, aufrechten Stand oder machen Sie einen Buckel? Achten Sie auch einmal objektiv darauf, wie Sie wirken, sobald Sie die Hände in den Hosentaschen vergraben haben oder die Arme vor der Brust verschränken. Können Sie benennen, was sich dabei an Ihrer Ausstrahlung verändert?

Nutzen Sie Mimik und Gestik vor dem Spiegel, üben Sie Ihr charmantestes Lächeln, einen verärgerten Blick, das fragende Heben einer Augenbraue ··· Ihnen sind keine Grenzen gesetzt, toben Sie sich aus und machen Sie auch einmal vollkommen unsinnige und übertriebene Gesichtsaus-drücke, um sich mit dem vollen Spektrum dessen vertraut zu machen, was Ihre Gesichtsmuskeln leisten können. Nur wenn Sie sich selbst inn- und auswendig kennen, können Sie mit Ihrer Mimik und Gestik punkten und diese gezielt und sicher einsetzen. Je mehr Erfahrung Sie darin sammeln, desto sicherer werden Sie im Umgang mit Ihrer eigenen Körpersprache.

Gespräche vor dem Spiegel zu üben, ist eine weitere wunderbare Möglichkeit, sich seiner eigenen Wirkung auf die Mitmenschen bewusst zu machen. Beobachten Sie Ihr Gesicht genau dabei, was es tut, wenn Sie über bestimmte Themen sprechen. Beginnen Ihre Augen zu leuchten? Rümpfen Sie abfällig die Nase? Erst, wenn Sie sich selbst dabei beobachten können, wie Ihre unbewussten Reaktionen auf bestimmte Themen ausfallen, können Sie diesen bewusster entgegensteuern.

Beobachtungen in der Fußgängerzone

Nehmen Sie sich ab und an die Zeit, Ihre Mitmenschen genau zu beobachten. Dies muss nicht in einer Fußgängerzone geschehen, sondern kann an jedem Ort durchgeführt werden, wo ein reges Kommen und Gehen, ein lebendiges Treiben herrscht.

Setzen Sie sich, gern mit einem Freund oder einer Freundin zusammen, in ein Café oder auf eine Bank und beobachten Sie Ihre Mitmenschen. Natürlich können Sie auch im Büro Ihre Kollegen, in der U-Bahn die anderen Fahrgäste oder beim Einkauf im Supermarkt die Kunden studieren. Betrachten Sie sie von Kopf bis Fuß. Sind es bemerkenswerte Personen, die Ihnen ins Auge springen? Wenn ja, woran machen Sie das fest? Ist es die Kleidung oder die Art, sich zu bewegen, die Sie fasziniert?

Indem Sie andere Menschen studieren, werden Sie sich deren Wirkung auf die Umwelt bewusst. Sie können Gespräche verfolgen - hierbei ist es nicht angebracht, Fremde zu belauschen, sondern es geht lediglich darum, deren Mimik und Gestik zu beobachten. Wenn Sie die Möglichkeit haben, so ist es eine hervorragende Übung, Komiker oder Vortragende auf einem Kongress zu beobachten. Diese haben es oft meisterlich gelernt, ihre Körpersprache für sich sprechen zu lassen, und die Wirkung auf die Zuhörer ist oft erstaunlich.

Innere Ausgeglichenheit, innere Ruhe und inneren Frieden erlangen

Was im ersten Moment profan und abgedroschen klingt, ist eine hervorragende Möglichkeit, Ihre eigene Ausstrahlung zu verbessern. Menschen, die ständig unter Stress stehen, mit sich selbst unzufrieden sind, ihrem Leben hinterherlaufen und nur darauf warten, dass endlich der Lottogewinn ins Haus flattert, damit sie etwas mit sich anfangen können - diesen Menschen sehen Sie die Unzufriedenheit förmlich an. Es sind kleine Details, die Sie jedoch sofort entdecken, wenn Sie die Körpersprache lesen können. Beispielsweise das Muster der Falten im Gesicht lässt erkennen, ob jemand ständig die Stirn runzelt und die Augen wütend oder besorgt zusammen-kneift oder ob er die meiste Zeit mit einem Lächeln verbringt. Die Haltung von zufriedenen, in sich ruhenden Menschen ist von vornherein aufrechter, gerader und gelassener. Sie geraten nicht so schnell aus der Fassung und haben sich und ihre Kommunikation meisterlich im Griff.

Diese innere Ruhe und Zufriedenheit zu erlangen, ist nicht von heute auf morgen machbar. Es ist ein langer Prozess, der stark mit der Entwicklung Ihres eigenen Mindsets gekoppelt ist. Dabei helfen Ihnen verschiedene Sportarten und Lebensweisen dabei, Ihren eigenen Weg zu finden.

Eine gute Möglichkeit, zu innerer Gelassenheit zu finden, ist das Praktizieren von Yoga. Die Definition von Yoga im Duden lautet wortwörtlich: „indische philosophische Lehre, die durch Meditation, Askese und bestimmte körperliche Übungen den Menschen vom Gebundensein an die Last der Körperlichkeiten befreien will." Dies sagt hervorragend aus, was sich hinter Yoga verbirgt: eine Lebensweise. Natürlich müssen Sie nicht, um von den positiven Effekten von Yoga zu profitieren, zu einem wahren Yogi werden oder tagtäglich mehrere Stunden auf der Matte verbringen. Bereits wenige Übungen täglich helfen Ihnen dabei, die eigene Körperhaltung zu verbessern. Es wird Ihnen leichter fallen, aufrecht und selbstbewusst zu gehen, probieren Sie es gern aus.

Auch Tai-Chi ist eine hervorragende Möglichkeit, zu mehr Körperkontrolle und Körpergefühl zu gelangen. Die Technik des Tai-Chi geht aus den chinesischen Kampfsportarten hervor. Dabei werden die Bewegungen sehr langsam und bewusst ausgeführt, was Ihnen ein hohes Maß an Selbstbeherrschung, Geduld und Körperkontrolle abverlangt - Sie werden bemerken, wie sehr derartige Übungen Ihr Selbstbewusstsein pushen und dass es Ihnen deutlich leichter fällt, gelassener zu reagieren.

ÜBUNGEN FÜR IHREN WORTSCHATZ

Bereits im Verlauf dieses Buches haben Sie einige praktische Tipps erhalten, wie Sie Ihren Wortschatz verbessern können, beispielsweise durch das Lesen verschiedener Texte, von Kinderbüchern bis hin zu hoch wissenschaftlichen Abhandlungen, durch das aktive Ansehen von Filmen und Serien, durch das aktive Zuhören und Radio hören und dergleichen. Dies erweitert Ihren Wortschatz, Ihr rezeptiver Wortschatz wird also von Mal zu Mal größer. Erinnern Sie sich noch daran, was dieser rezeptive Wortschatz ist? Das ist die Gesamtheit aller Begrifflichkeiten, die Sie beim Lesen oder Hören verstehen können. Nun ist es an der Zeit, diese neuen Worte auch in Ihren produktiven Wortschatz einfließen zu lassen, also in denjenigen Teil Ihres Wort-schatzes, den Sie auch aktiv beim Sprechen verwenden.

Rollenspiele und Gespräche üben

Das Übernehmen einer bestimmten Rolle ist hervorragend geeignet, um einen - eventuell auch themenbezogenen - Wortschatz zu trainieren. Beispielsweise haben die Ritter der Zeit König Arthurs vollkommen andere Worte und Sprechweisen genutzt, als wir es heutzutage tun. Lassen Sie sich ein auf eine Reise in die Vergangenheit und nehmen Sie Teil an einem Rollenspiel. Sie werden sehen, dass Sie nach wenigen Versuchen bereits mitten im Geschehen stecken und den Wortschatz wie selbstverständlich nutzen.

Natürlich muss es kein so abgefahrenes Thema wie Ritter und Minnesänger sein. Sie können sich einfach mit einem Freund treffen und diesen bitten, mit Ihnen ein Vorstellungsgespräch zu simulieren oder sich eine von Ihnen vorgetragene Präsentation anzusehen. So schaffen Sie es, zwei Fliegen mit einer Klappe zu schlagen: Sie verbessern Ihren Wortschatz und üben direkt für den Ernstfall. Ihr Freund kann Ihnen am Ende der Übung detailliertes Feedback geben oder auch direkt während des Gespräches auf bestimmte Dinge eingehen - wenn er oder sie beispielsweise denkt, dass Sie eine Redewendung falsch verwenden, wenn ihm oder ihr auffällt, dass Sie nervös mit den Fingern auf den Tisch klopfen … all diese Dinge liefern Ihnen direktes Feedback und helfen Ihnen, sich selbst in allen Teilbereichen zu verbessern.

Ersetzen und bewusst übertreiben

Nehmen Sie sich jede Woche eines der Worte vor, die Sie oft und gern verwenden, und versuchen Sie, dieses eine komplette Woche lang mit Synonymen zu umschreiben. Hierfür können Sie auf der Internetseite des Dudens eine Synonym-Suche durchführen, um Ideen und Eindrücke zu bekommen, wie Sie beispielsweise das Wort Frühstück ersetzen können.

Nutzen Sie bewusst auch Übertreibungen, die Sie vielleicht so nicht sagen. Anstatt Ihren Kolle-gen darauf hinzuweisen, dass er heute aber wieder etwas laut spricht, können Sie theatralisch entgegnen: „Senken Sie doch bitte Ihre Tonlautstärke, meine Trommelfelle danken es Ihnen mit einem Kniefall!"

Schauspieler beobachten und nachahmen

Die höchste Form der Körperkontrolle ist das Schauspielern. Hier schlüpfen die

Menschen in eine Rolle, die manchmal sogar vollkommen konträr zu ihren eigenen Ansichten ist. Beispiels-weise muss ein Schauspieler wirklich gut darin sein, einen Bösewicht zu verkörpern, damit es auch richtig rüberkommt und den Zuschauer überzeugt. Achten Sie beim nächsten Filmeabend auf die Mimik und Gestik dieser professionellen Darsteller, dabei können Sie einiges für sich selbst mitnehmen. Eine gute Übung für Zuhause ist es, selbst in bestimmte Rollen zu schlüpfen, ähnlich wie beim Rollenspiel, und Szenarien allein oder mit einem Freund oder Familienmitglied umzusetzen.

ÜBUNGEN FÜR IHRE RHETORIK

Eine aussagekräftige Körpersprache und ein umfassender Wortschatz allein reichen noch nicht aus, um in Gesprächen auch wirklich überzeugen zu können. Sie sollten auch die einfachen und die komplizierteren Mittel der Rhetorik beherrschen. Mit Satzbau, Stilmitteln und grammatikalischen Besonderheiten zu jonglieren, macht Sie interessant, es macht Ihre Reden spannend und bestätigt sich darin, dass Ihre Zuhörer förmlich an Ihren Lippen hängen. Schon durch das Lesen diverser Texte verbessern Sie Ihre Rhetorikkenntnisse.

Was sich auch lohnt, ist der Blick ins alte Schulbuch - metaphorisch gesprochen. Auch wenn Deutsch vielleicht nie Ihr Lieblingsschulfach war, kann es überaus nützlich sein, sich nochmal mit dem alten Schulstoff zu befassen. Und damit sind nicht die Gedichtinterpretationen gemeint, obwohl Sie diese sicherlich auch weiterbringen und Ihnen hilfreichen Wortschatz vermitteln können. Die grammatikalischen Grundkenntnisse sind Ihre Bibel - vom Satzbau begonnen über die Zeichensetzung bis hin zur Unterscheidung zwischen das und dass. Auch die richtige und wohlüberlegte Benutzung der Stilmittel kann aus dem Deutschunterricht übernommen und ab-geleitet werden.

Schluss

Nun sind Sie am Ende dieser Lektüre angelangt. Da neu Gelerntes am besten im Gedächtnis bleibt, je häufiger man es wiederholt, soll an dieser Stelle nochmal eine kleine Zusammenfassung des Inhaltes gegeben werden und die wichtigsten Punkte sollen nochmal kurz Erwähnung finden.

Zu Beginn haben Sie gelernt, wie sich die menschliche Sprache entwickelt hat und dass es im humanen Gehirn zwei Sprachregionen gibt, die Wernicke-Region und die Broca-Region, die durch den Fasciculus arcuatus verbunden sind. Die Wernicke-Region ist für einzelne Silben und Worte zuständig, die Broca-Region für die Verarbeitung komplexer Zusammenhänge und je komplizierter der Satzaufbau ist, desto besser muss der Fasciculus arcuatus ausgebildet sein, um diese Sätze zu verstehen. Sie lernten, dass die Sprache sich immer im kulturellen Zusammenhang weiterentwickelt und dass sich die Nutzung verschiedener Worte im Sprachgebrauch ändert. Die Sprache ist ständig im Fluss und ein Leben lang lernt der Mensch auf diesem Gebiet dazu.

Sie haben erfahren, warum Sprache so machtvoll ist und was Sie mit ihr alles bewerkstelligen können: Sie können verletzen, loben, anerkennen, jemanden zum Lächeln bringen oder auch zum Weinen. Sie können kulturelles Wissen vermitteln, damit unterhalten und Geschichten erzählen. Sie können sich selbst mit einer gehobenen Ausdrucksweise präsentieren, heben sich damit von der breiten Masse ab, machen sich besonders und interessant und sorgen dafür, dass Ihr Gesprächspartner Ihnen und Ihrem sprachlichen Charme erliegt. Sie können durch eine gewählte Ausdrucksweise Ihre Herkunft und das Milieu verbergen, in dem Sie aufgewachsen sind, und wirken gebildet und vertrauensselig.

Durch eine perfektionierte Ausdrucksweise können Sie Ihr eigenes Selbstbewusstsein stärken und mit jedem Tag, an dem Sie Ihre Ausdrucksweise hegen und pflegen, können Sie selbstsicherer und schlagfertiger reagieren. Es gelingt Ihnen, Gespräche dorthin zu lenken, wo Sie sie haben wollen. Sie werden zum heimlichen Steuermann.

Weiterhin haben Sie gelernt, was Schlagfertigkeit überhaupt ist und worauf es dabei ankommt. Sie kennen die verschiedenen Techniken der Schlagfertigkeit: die Zustimmungstechnik, die Gegenteiltechnik, das Schweigen als schlagfertige Antwort, die Technik der absurden Antwort, die Technik der Übertreibung, die Übersetzungstechnik, die Technik, das Gespräch mit Rückfragen zu lenken, und die Vertagungstechnik, bei der Sie Ihrem Gegenüber eine Antwort zu einem späteren Zeitpunkt zusichern.

Weiterhin haben Sie gelernt, was die Körpersprache umfasst: Die Körperhaltung, die eigene Kleidung, die Mimik und Gestik und der Blickkontakt. Können Sie sich an die wichtigste Aussage zum Thema Blickkontakt erinnern? Nicht ins Starren verfallen. Starren Sie Ihr Gegenüber an, so wirkt das schnell unhöflich und verunsichernd. Sie lernten die fünf Unterteilungen der Gestik kennen: das Emblem, die Illustratoren, die affektierten Gesten, die Regulatoren und die Adaptoren.

Im nächsten Kapitel konnten Sie herausfinden, ob Sie selbst zu den Growth oder den Fixed Mindsetlern gehören. Das Fixed Mindset ist zumeist statisch und unscheinbar. Diese Personen scheuen sich vor Herausforderungen aller Art und leben ganz nach dem Motto, „Schuster, bleib bei deinen Leisten", während das Growth Mindset von stetiger Veränderung und Verbesserung geprägt ist. Growth Mindsetler sind sich sicher: Ich kann alles schaffen! Erinnern Sie sich an die Tipps, wie Sie von einem Fixed zu einem Growth Mindset gelangen? Wenn nicht, empfehle ich Ihnen dringend, sich nochmal mit diesem Kapitel auseinanderzusetzen. Ihre Lebensfreude wird es Ihnen danken.

Sie lernten das Charisma kennen und haben erfahren, dass Ihr Charisma nur von außen zu be-werten ist. Wenn Sie also erfahren wollen, ob Sie charismatisch wirken, fragen Sie Freunde und Bekannte - oder auch völlige Fremde! Beispielsweise am Ende eines netten Smalltalks in der Bahn. Erinnern Sie sich, welche Charaktereigenschaften einen Menschen charismatisch machen? Es waren 9 an der Zahl: das Herz(blut), der Mut, der eigene Fokus, die Inspiration, der Idealismus, die gezeigte Präsenz, die Selbstsicherheit, die Individualität und die eigene Körpersprache.

Sie lernten, welche Fehler Ihnen beim gekonnten Artikulieren im Wege stehen könnten und wie Sie diese vermeiden. Bleiben Sie offen, stellen Sie Fragen, vermeiden Sie Monologe und den Gebrauch von zu vielen oder unsinnigen Fachbegriffen. Loben Sie viel, unterbrechen Sie nicht, er-lauben Sie dezente Gefühlsregungen und seien Sie in Ihren Aussagen immer präzise und unmissverständlich klar.

Tipps und Tricks dazu, wie Sie eine beeindruckende Präsentation halten und Gespräche wort-gewandt und sicher lenken können, haben Sie ebenfalls erhalten. Seien Sie offen, ehrlich und ganz Sie selbst. Sich zu verstellen ist auf Dauer nicht nur anstrengend - immerhin müssen Sie sich immer merken, bei wem Sie sich auf welche Weise verstellt haben. Außerdem gelingt es den meisten Menschen über kurz oder lang, hinter Ihre Fassade zu blicken. Deshalb sprechen Sie frei von der Leber weg, ganz nach dem Motto: Ehrlich währt am längsten! Seien Sie stets höflich und gut vorbereitet, binden Sie Ihre Gesprächspartner und Zuhörer mit ein, beispielsweise, in-dem Sie sie beim Namen nennen. Ergreifen Sie die Initiative, unangenehme Gespräche souverän zu beenden, ehe es komisch wird.

Nicht zuletzt konnten Sie lernen, worauf es ankommt beim Führen von exzellentem Smalltalk. Die Wichtigkeit der Themenfindung, des Einsatzes von Körpersprache, Komplimenten, offenen Fragen und dergleichen sollte Ihnen nun in Fleisch und Blut übergegangen sein. Erinnern Sie sich stets an die Tabu-Themen, wenn Sie Smalltalk führen: kein Lästern, keine Gerüchte, keine politischen oder kontrovers diskutierten Themen. Lassen Sie Persönliches und starke Emotionen außen vor und geben Sie keine einsilbigen Antworten. Finanzen, Fachbegriffe und Religion haben ebenfalls nichts im Smalltalk zu suchen außer vielleicht, wenn Sie in Ihrer Kirche sitzen, dann können Sie sich mit Ihrem Sitznachbarn natürlich über Gott unterhalten, denn dann teilen Sie denselben Glauben und dasselbe Gedankengut.

Erinnern Sie sich noch an die Definition von Rhetorik? Die Redekunst; die Lehre von der wirkungsvollen Gestaltung von Reden. Ein guter Rhetoriker zu werden ist Ihr erklärtes Ziel. Welche Stilmittel der deutschen Sprache bekommen Sie aus dem Stehgreif noch zusammen? Wie gliedern Sie einen Text nach Kapiteln und Absätzen, wie bauen Sie eine Rede auf, sodass Sie die Menschen anfangs fesseln, auf eine Pointe hinarbeiten und die Spannung schließlich auflösen? Rhetorik ist ein Thema, das sich in einem einzelnen Buch nicht abschließend abhandeln lässt. Haben Sie deshalb keine Scheu, intensiver einzutauchen, in verschiedenste Fachbücher und Artikel.

In besagtem Kapitel lernten Sie nicht nur die Stilmittel kennen, sondern erfuhren auch, wie wichtig es ist, ungeeignete Worte aus Ihrem Wortschatz zu verbannen: aber, trotzdem, vielleicht, ich glaube, ich würde, eigentlich ··· all diese Worte relativieren Ihre Aussagen und lassen Platz für Spielraum. Deshalb: weg damit! Ersatzlos streichen.

Im nächsten Kapitel haben Sie gelernt, wie Sie Ihren Wortschatz verbessern können. Auch wenn es Ihnen sicherlich inzwischen zum Hals heraushängt: Lesen Sie mehr! Hören Sie aktiv zu, suchen Sie Synonyme, bilden Sie Wortfelder, analysieren Sie Ihre eigenen Texte, lesen Sie den Duden!

Im letzten Kapitel, bevor Sie sich ins Lesen dieses Schlusssatzes vertieft haben, haben Sie einige praktische Übungen kennengelernt, die Ihnen dabei helfen, das theoretisch erlangte Wissen in die Praxis umzusetzen. Und nun denken Sie daran: Die ersten drei Tage sind entscheidend. Beginnen Sie jetzt sofort, das Gelernte umzusetzen!

Bleiben Sie neugierig.

Verzeichnis aller Fachbegriffe

Im Folgenden finden Sie in alphabetischer Reihenfolge alle im Buch verwendeten und verwandten Fachbegriffe und Begrifflichkeiten. Die Definitionen stammen ausschließlich aus dem Duden.

- **Absolvieren**: Verb; (eine Schule o. Ä.) durchlaufen, (erfolgreich) beenden; verrichten, bewältigen, ableisten; (eine Prüfung) bestehen

- **Abstrakt**: Adjektiv; die wesentlichen, gesetzmäßigen o. Ä. Züge aus etwas Konkretem, sinnlich Wahrnehmbarem ableiten; sich (nur) im Gedanklichen, Theoretischen bewegend (und keinen unmittelbar feststellbaren Bezug zur Wirklichkeit habend)

- **Abstrus**: Adjektiv; verworren und daher unverständlich

- **Absurd**: Adjektiv; gesundem Menschenverstand völlig fern

- **Adäquat**: Adjektiv; angemessen, entsprechend

- **Addition**: Substantiv; das Addieren, Zusammenzählen

- **Additiv: Adjektiv**; auf Addition beruhend, durch Addition entstanden; hinzufügend, aneinanderreihend

- **Additiv: Substantiv**; Zusatz zu Mineralölen, Kunststoffen, Waschmitteln u. a. zur Abschwächung unerwünschter oder zur Verstärkung erwünschter Eigenschaften

- **Adipös**: Adjektiv; fett(reich), fettleibig; verfettet

- **Adjektiv**: Wortart, beschreibt die Beschaffenheit eines konkreten Dinges, einer abstrakten Sache, eines Vorganges oder Zustandes usw.

- **Affekt**: Substantiv; heftige Erregung, Gemütsbewegung; Zustand außergewöhnlicher psychischer Angespanntheit; Leidenschaften

- **Affront**: Substantiv; Schmähung, herausfordernde Beleidigung, Kränkung

- **Agieren**: Verb; handeln, tätig sein, wirken; eine bestimmte Rolle spielen; als Schauspieler auftreten

- **Akkurat**: Adjektiv; genau, gerade

- **Ambivalent**: Adjektiv; in sich widersprüchlich, zwiespältig

- **Animieren**: Verb; anregen; ermuntern; in Stimmung versetzen; bei jemandem Lust zu etwas wecken

• **Antipathie**: Substantiv; Abneigung, Widerwille

• **Antizipieren**: Verb; vorwegnehmen; Kaufmannsprache: vor dem Fälligkeitstermin zahlen

• **Antonym**: Substantiv; Gegen(satz)wort, Oppositionswort; z. B. schwarz - weiß

• **Archaisch**: Adjektiv; der Vor-, Frühzeit angehörend oder aus ihr überkommen; vor-, frühzeitlich; entwicklungsgeschichtlich älteren Schichten der Persönlichkeit angehörend (Psychologie); altertümlich, veraltet

• **Arkadien**: Substantiv; eine (alt)griechische Landschaft; Schauplatz glückseligen, idyllischen (Land)lebens; glückseliges Land

• **Arkadier**: Substantiv; Bewohner von Arkadien

• **Arkadisch**: Adjektiv; die Arkadier betreffend; den Arkadiern zugehörend, eigentümlich

• **Artikulieren**: Verb; (Silben, Wörter, Sätze) in phonetisch gegliederter Form aussprechen; (Gedanken, Gefühle) in Worte fassen, (formuliert) zum Ausdruck bringen; sich an-gemessen Ausdruck verschaffen; zum Ausdruck kommen

• **Assoziation**: Substantiv; ursächliche Verknüpfung von Vorstellungen; Zusammenschluss, Vereinigung

• **Assoziieren**: Verb; Vorstellungen mit etwas verknüpfen, in Verbindung bringen

• **Ästimieren**: Verb; jemanden als Persönlichkeit schätzen, ihm Aufmerksamkeit zuteilwerden lassen; jemandes Leistungen o. Ä. entsprechend würdigen

• **Aufrichtig**: Adjektiv; dem innersten Gefühl, der eigenen Überzeugung ohne Verstellung Ausdruck gebend

• **Ausdrucksweise**: Substantiv; Art des mündlichen oder schriftliche Ausdrucks; Diktion

• **Bacchantisch**: Adjektiv; ausgelassen, trunken, überschäumend

• **Barisch**: Adjektiv; den Luftdruck betreffend

• **Beharrlich**: Adjektiv; ausdauernd, zäh festhaltend, standhaft, hartnäckig

• **Biennal**: Adjektiv; eine zweijährige Dauer aufweisend; alle zwei Jahre (stattfindend)

• **Bigott**: Adjektiv; engherzig fromm, von übertriebenem Glaubenseifer geprägt; frömmelnd; scheinheilig

• **Blasiert**: Adjektiv; überheblich, dünkelhaft und herablassend

• **Bonitieren**: Verb; abschätzen, einstufen (von Böden, auch von Waren)

- **Brillant**: Adjektiv; glänzend, hervorragend, sehr gut
- **Burlesk**: Adjektiv; von derber Komik, possenhaft
- **changieren**: Verb; wechseln, tauschen, verändern; von Stoffen: (verschiedenfarbig) schillern
- **Charge**: Substantiv; Amt, Rang; Person mit einem Dienstgrad (aus dem Militär, veraltet); Nebenrolle mit übertrieben gezeichnetem Charakter (Film, Fernsehen); Ladung, Beschickung (von metallurgischen Öfen) (Bereich Technik); Wirtschaft: Serie von Waren mit gleichen Eigenschaften, die während eines Arbeitsschrittes und mit den gleichen Rohstoffen hergestellt, verpackt und mit einer Nummer gekennzeichnet werden
- **Charisma**: Substantiv; besondere Ausstrahlung(skraft) eines Menschen
- **Choleriker/in**: Substantiv; leidenschaftliche, reizbare, jähzornige männliche / weibliche Person
- **Chronometrisch**: Adjektiv; auf genauer Zeitmessung beruhend
- **Cineast**: Substantiv; Filmschaffender; Filmkritiker, Filmkenner; begeisterter Kinogänger
- **Clochard**: Substantiv; französische Bezeichnung für: Stadtstreicher (besonders in frz. Großstädten)
- **Contenance**: Substantiv; Fassung, Haltung (in einer schwierigen Lage)
- **Couragiert**: Adjektiv; beherzt, unerschrocken
- **Crux**: Substantiv; Last, Kummer, Leid; Schwierigkeit
- **Da capo**: Redewendung; Anweisung in der Notenschrift: noch einmal von Anfang an; als Beifallsruf im Theater, Konzert o. Ä.: wiederholen! Noch einmal!
- **Datieren**: Verb; mit einem Datum, einer Zeitangabe versehen; die Entstehungszeit von etwas bestimmen, angeben; seit einem bestimmten Zeitpunkt bestehen, zu einer bestimmten Zeit begonnen haben; aus einer bestimmten Zeit stammen, von einem bestimmten Ereignis herrühren
- **Debakel**: Substantiv; Zusammenbruch, Niederlage; unheilvoller, unglücklicher Ausgang
- **Decouragiert**: Adjektiv; mutlos, verzagt
- **Dedizieren**: Verb; jemandem zueignen, widmen, für ihn bestimmen
- **Defilieren**: Verb; parademäßig oder feierlich an jemandem, besonders an einer hochgestellten Persönlichkeit, vorbeiziehen
- **Deletär**: Adjektiv; schädlich, verderblich; tödlich

• **Desaster**: Substantiv; Unglück, Zusammenbruch, katastrophaler Misserfolg

• **Desaströs**: Adjektiv; verhängnisvoll, katastrophal

• **Dezidieren**: Verb; entscheiden, bestimmen

• **Diffamieren**: Verb; (besonders übel) verleumden; in üblen Ruf bringen

• **Diktion**: Substantiv; mündliche oder schriftliche Ausdrucksweise, Rede-, Schreibstil

• **Dissonanz**: Substantiv; Zusammenklang von Tönen, der als nicht harmonisch, nicht als Wohlklang empfunden wird; Unstimmigkeit, Differenz

• **Distinguiert**: sich durch Gewähltheit besonders in Kleidung, Formen des Umgangs u. Ä. von anderen abhebend, unterscheidend; betont vornehm

• **Divers**: Adjektiv; verschieden; einige, mehrere (verschiedene); (intersexuell): nicht eindeutig weiblich oder männlich ausgeprägte Geschlechtsmerkmale aufweisend

• **Drakonisch**: Adjektiv; sehr streng, hart

• **Dünkel**: Substantiv; übertrieben hohe Selbsteinschätzung aufgrund einer vermeintlichen Überlegenheit; Eingebildetheit, Hochmut

• **Dünkelhaft**: Adjektiv; voller Dünkel; eingebildet, hochmütig

• **Durabel**: Adjektiv; dauerhaft, haltbar

• **Echauffieren**: Verb; (sich) durch Anstrengung oder Aufregung erhitzen; (sich) aufregen

• **Effilieren**: Verb; (dichte Haare) beim Schneiden gleichmäßig ausdünnen

• **Eklatant**: Adjektiv; offensichtlich, auffällig, ins Auge springend, in nicht zu übersehender Weise (vorhanden); sensationell, aufsehenerregend

• **Elaborat**: Substantiv; schriftliche Arbeit, Ausarbeitung; in Bezug auf den Inhalt nicht sorgfältig hergestellte, geistlose schriftliche Arbeit; Machwerk

• **Elidieren**: Verb; eine Elision vornehmen; streichen, tilgen

• **Elision**: Substantiv; Ausstoßung eines unbetonten Vokals im Inneren oder am Ende eines Wortes; beispielsweise ew' ge, glaub (statt glaube) ich)

• **Eloquent**: Adjektiv; beredt, wortreich und ausdrucksvoll

• **Emanieren**: Verb; ausströmen

• **Enthusiasmus**: Substantiv; leidenschaftliche Begeisterung, Schwärmerei

• **Enthusiastisch**: Adjektiv; leidenschaftlich begeistert, schwärmerisch, überschwänglich

- **Euphorie**: Substantiv; zeitweilige übersteigert heitere und zuversichtliche (Gemüts)stimmung, Hochstimmung, Zustand optimistischer Begeisterung, (rauschhaft) gesteigerten überschwänglichen Gefühls;
- **Exorbitant**: Adjektiv; außerordentlich, gewaltig, enorm, ungeheuer
- **Extrovertiert**: Adjektiv; auch „extravertiert"; nach außen gerichtet, für äußere Einflüsse leicht empfänglich
- **Exzellent**: Adjektiv; hervorragend, ausgezeichnet
- **Fabulieren**: Verb; fantasievoll erzählen; Geschichten erfinden und ausschmücken
- **Fanal**: Substantiv; Ereignis, Tat, Handlung als weithin erkennbares Zeichen, das eine Veränderung, den Aufbruch zu etwas Neuem ankündigt
- **Fatum**: Substantiv; dem Menschen bestimmtes Schicksal, Geschick; Verhängnis
- **Fiasko**: Substantiv; großer Misserfolg; Fehlschlag, Reinfall
- **Fidel**: Adjektiv; von unbeschwerter Fröhlichkeit, Lustigkeit; vergnügt
- **Filigran**: **Adjektiv**; aus Filigran, filigranähnlichen Formen bestehend; fein(gliedrig)
- **Filigran**: **Substantiv**; Goldschmiedearbeit aus einem kunstvollen Geflecht von Gold- oder Silberdrähten
- **Flapsig**: Adjektiv; schlechte, ungeschliffene Manieren zeigen
- **Flektieren**: Verb; (ein Wort) in seiner grammatischen Form abwandeln, beugen; deklinieren, konjugieren; (von einem Wort) die grammatischen Formen in bestimmter Weise bilden
- **Forcieren**: Verb; verstärken, steigern; durch gezielte Maßnahmen, durch Zwang o. Ä. erreichen; erzwingen
- **Frappant**: Adjektiv; verblüffend, überraschend, frappierend
- **Frappierend**: Adjektiv; frappant
- **Frivol**: Adjektiv; leichtfertig, bedenkenlos; das sittliche Empfinden, die geltenden Moralbegriffe verletzend
- **Frotzelei**: Substantiv; frotzelnde Bemerkung
- **Frotzeln**: Verb; mit spöttischen oder anzüglichen Bemerkungen necken
- **Generös**: Adjektiv; großmütig; großzügig, nicht kleinlich im Geben, im Gewähren von etwas
- **Gentil**: Adjektiv; nett, liebenswürdig

• **Gerieren**: Verb; sich aufführen; auftreten, sich als jemand, als etwas zeigen

• **Gestik**: Substantiv; Gesamtheit der Gesten (als Ausdruck einer charakteristischen inneren Haltung)

• **Glorifikation**: Substantiv; Verherrlichung; Glorifizierung

• **Glorifizierung**: Substantiv; Glorifikation

• **Goutieren**: Verb; Geschmack an etwas, Gefallen an etwas; (seltener:) an jemandem finden

• **Grazil**: Adjektiv; fein gebildet, zartgliedrig, zierlich

• **Grotesk**: Adjektiv; durch eine starke Übersteigerung oder Verzerrung absonderlich übertrieben, lächerlich wirkend

• **Habil**: Adjektiv; geschickt, fähig; gewandt, geübt

• **Habitualisieren**: Verb; zur Gewohnheit werden, zur Gewohnheit machen

• **Hasardeur/in**: Substantiv; Person, die verantwortungslos handelt und alles aufs Spiel setzt

• **Herabwürdigen**: Verb; auf verletzende Weise nicht mit dem nötigen Respekt, nicht seiner Würde, seinem Wert entsprechend behandeln

• **Herkulisch**: Adjektiv; besonders stark (wie Herkules)

• **Herostratisch**: Adjektiv; aus Ruhmsucht Verbrechen begehend

• **Holografisch**, Holographisch: Adjektiv; (vollständig) eigenhändig geschrieben; (Physik) die Holografie betreffend, mit der Technik der Holografie hergestellt, sie anwendend

• **Honorieren**: Verb; jemandem für eine Leistung ein Honorar o. Ä. zahlen; anerkennen, würdigen, belohnen, durch Gegenleistung abgelten; jemandem Anerkennung zollen

• **Horrend**: Adjektiv; jedes normale Maß überschreitend

• **Human**: Adjektiv; zum Menschen gehörend, dem Menschen eigentümlich, beim Menschen vorkommend (besonders Medizin); ohne Härte, nachsichtig; die Würde des Menschen achtend, menschenwürdig

• **Hybris**: Substantiv; Hochmut, Überheblichkeit; Vermessenheit

• **Hypochonder**: Substantiv; Person, die an Hypochondrie leidet, sich hypochondrisch gebärdet; eingebildeter Kranker

• **Hypochondrie**: Substantiv; übertriebene Neigung, seinen eigenen Gesundheitszustand zu beobachten, zwanghafte Angst vor Erkrankungen, Einbildung des Erkranktseins (begleitet von Trübsinn oder Schwermut)

- **Illustration**: Substantiv; veranschaulichende Bildbeigabe zu einem Text; Veranschaulichung, Erläuterung

- **Immanent**: Adjektiv; innewohnend, in etwas enthalten; die Grenzen möglicher Erfahrung nicht übersteigend, innerhalb dieser Grenzen liegend, bleibend

- **Imminent**: Adjektiv; drohend, nahe bevorstehend

- **Impertinent**: Adjektiv; in herausfordernder Weise ungehörig; frech, unverschämt

- **Implikation**: Substantiv; das Implizieren; Bedeutung; Einbeziehung einer Sache in eine andere; auf der Folgerung „wenn ···, dann ··· " beruhende logische Beziehung

- **Implizieren**: Verb; einbeziehen, gleichzeitig beinhalten, bedeuten; mit enthalten

- **Impression**: Substantiv; Sinneseindruck, Empfindung, Wahrnehmung; auf einen Betrachter, eine Betrachterin wirkender, nicht zergliederter, ganzheitlicher Eindruck; (Anatomie) Einbuchtung oder Vertiefung an Organen oder anderen Körperteilen

- **Inakkurat**: Adjektiv; nicht akkurat, unsorgfältig

- **Index**: Substantiv; alphabetisches Namen-, Stichwort-, Sachverzeichnis; Register

- **Indizieren**: Verb; etwas erkennen lassen, auf etwas hinweisen; Indiz für etwas sein; etwas besonders eine bestimmte Behandlung, Heilmethode o. Ä., als angezeigt erscheinen lassen; zum Zwecke der Unterscheidung mit einer hochgestellten Zahl versehen; indexieren; für größere Datenmengen, eine Datenbank o. Ä. einen Index erstellen

- **Initiative**: Substantiv; erster tätiger Anstoß zu einer Handlung; erster Schritt bei einem bestimmten Handeln; Entschlusskraft; Unternehmungsgeist; Fähigkeit, aus eigenem An-trieb zu handeln; Zusammenschluss von Bürgern, Verbänden, Vereinen, Firmen und/oder öffentlichen Einrichtungen zur Erreichung eines gemeinsamen (größer angelegten) Ziels

- **Intention**: Substantiv; Absicht, Bestreben, Vorhaben

- **Interpretation**: Erklärung, Deutung von Texten, Aussagen, o.Ä.; Auslegung, Auffassung, Darstellung; die mehr oder weniger persönliche Deutung, Auslegung eines Musikstücks und die darauf beruhende Wiedergabe dieser Musik

- **Intonation**: Substantiv; Veränderung des Tones nach Höhe, Dauer, Stärke und anderen Merkmalen beim Sprechen, Satzmelodie; Art der Erzeugung, Formung, Gestaltung eines Tones, der Klangfarbe, des Treffens, Einhaltens o.Ä. eines Tones bei Sängern und In-strumentalisten

- **Introvertiert**: Adjektiv; auf das eigene Seelenleben gerichtet, nach innen gekehrt; verschlossen

- **Intuition**: Substantiv, das unmittelbare, nicht diskursive, nicht auf Reflexion beruhende

Erkennen, Erfassen eines Sachverhalts oder eines komplizierten Vorgangs; Eingebung, (plötzliches) ahnendes Erfassen

- **Irreduzibel**: Adjektiv; nicht rückführbar, nicht von etwas anderem ableitbar
- **Irreversibel**: Adjektiv; nicht umkehrbar, nicht rückgängig zu machen
- **Jargon**: Substantiv; Sondersprache bestimmter durch Beruf, Stand, Milieu geprägter Kreise mit speziellem Wortschatz
- **Jargon**: Substantiv; Sondersprache bestimmter durch Beruf, Stand, Milieu geprägter Kreise mit speziellem (umgangssprachlichem) Wortschatz; saloppe, ungepflegte Ausdrucksweise (abwertend)
- **Jour fixe**: Substantiv; regelmäßig (an einem bestimmten Wochentag) stattfindendes Treffen eines bestimmten Personenkreises
- **Jovial**: Adjektiv; im Umgang mit niedriger Stehenden betont wohlwollend
- **Kakofonie, Kakophonie**: Substantiv; schlecht klingende Folge von Lauten; Missklang, Dissonanz;
- **Kakofonisch, Kakophonisch**: Adjektiv; die Kakofonie betreffend, misstönend, schlecht klingend
- **Kalamität**: Substantiv; schlimme, missliche Lage; durch Schädlinge, Hagel, Sturm o. Ä. hervorgerufener schwerer Schaden in Pflanzenkulturen
- **Kantabel**: Adjektiv; gesanglich vorgetragen, klingend; sangbar
- **Kaprizieren**: Verb; eigensinnig auf etwas bestehen; sich auf etwas festlegen
- **Kapriziös**: Adjektiv; launenhaft, eigenwillig
- **Karikativ**: Adjektiv; in der Art einer Karikatur, verzerrt komisch
- **Karikatur**: Substantiv; Zeichnung o. Ä., die durch satirische Hervorhebung bestimmter charakteristischer Züge einer Person, eine Sache oder ein Geschehen der Lächerlichkeit preisgibt; Zerr-, Spottbild
- **Knibbeln**: Verb; mitteldeutsch für: sich mit den Fingern an etwas zu schaffen machen
- **Kohärent**: Adjektiv; zusammenhängend
- **Konträr**: Adjektiv; entgegengesetzt, gegensätzlich
- **Körpersprache**: Substantiv; in Körperhaltung, Bewegung, Gestik, Mimik sich ausdrückende psychische Konstitution, Gestimmtheit
- **Kurativ**: Adjektiv; heilend

- **Lamentieren**: Verb; (laut und) ausgiebig klagen, jammern; jammernd um etwas betteln
- **Lamento**: Substantiv; das Lamentieren, (lautes) Gejammer, heftige Klage
- **Lancieren**: Verb; gezielt in die Öffentlichkeit gelangen lassen; durch geschickte Manipulation, durch Ausnutzen seiner Beziehungen o. Ä. fördern, in eine vorteilhafte Position bringen o. Ä.; einer Sache durch gezielte Maßnahmen zu Anerkennung, Ansehen, Verbreitung verhelfen
- **Lanzinieren**: Verb; plötzlich und heftig zu schmerzen beginnen
- **Lapidar**: Adjektiv; überraschend kurz und knapp (aber treffend)
- **Latent**: Adjektiv; vorhanden, aber (noch) nicht in Erscheinung tretend; nicht unmittelbar sichtbar oder zu erfassen
- **Lateral**: Adjektiv; seitlich, die Seite betreffend, von der Seite ausgehend
- **Leger**: Adjektiv; (von Benehmen und Haltung) lässig; ungezwungen und zwanglos; (von Kleidung) salopp und bequem; (von der Ausführung o. Ä. einer Sache) oberflächlich und etwas nachlässig
- **Linguistik**: Sprachwissenschaft
- **Lukullisch**: Adjektiv; (Essen) üppig und dabei erlesen
- **Makaber**: Adjektiv; durch eine bestimmte Beziehung zum Tod unheimlich; mit Tod und Vergänglichkeit scherzend
- **Malade**: Adjektiv; (leicht) krank und sich deshalb unwohl, elend fühlend
- **Malheur**: Substantiv; nicht sehr folgenschweres Missgeschick, Unglück, das den Betroffenen in eine peinliche Situation bringt
- **Maliziös**: Adjektiv; boshaft
- **Manier**: Substantiv; charakteristische Art und Weise, wie sie zu jemandem, etwas gehört; typischer Stil eines Künstlers, einer Kunst(gattung), einer Darstellungsform; Benehmen, Umgangsform(en)
- **Marginal**: Adjektiv; am Rande liegend; nicht unmittelbar wichtig; geringfügig; in einer Grenzstellung befindlich; nicht fest einem bestimmten Bereich zuzuordnen
- **Marode**: Adjektiv; erschöpft, ermattet; heruntergekommen, ruiniert, abgewirtschaftet
- **Martialisch**: Adjektiv; kriegerisch, Furcht einflößend, grimmig
- **Meschant**: Adjektiv; boshaft, ungezogen, niederträchtig
- **Mimik**: Substantiv; Mienenspiel, Wechsel im Ausdruck des Gesichts und in den Gebärden

als Nachahmung fremden oder als Ausdruck eigenen Erlebens

• **Mondän**: Adjektiv; eine extravagante Eleganz zeigend, zur Schau tragend

• **Motorik**: Substantiv; Gesamtheit der aktiven, vom Gehirn aus gesteuerten, koordinierten Bewegungen des menschlichen Körpers; Lehre von den Funktionen der Bewegung des menschlichen Körpers und seiner Organe; gleichmäßiger, keinen oder nur geringfügigen Schwankungen unterliegender Bewegungsablauf, Rhythmus

• **Nachhaltig**: Adjektiv; sich auf längere Zeit stark auswirkend

• **Nebulös**: Adjektiv; (in Bezug auf Vorstellungen, Ideen, o. Ä.) verschwommen, unklar

• **Nivellieren**: Verb; (Unterschiede) durch Ausgleichung aufhebend, mildernd; sich aus-gleichen, sich aneinander angleichen; Höhenunterschiede in einem Gelände mithilfe eines Nivelliergerätes bestimmen

• **Nonchalant**: Adjektiv; (liebenswürdig) ungezwungen, unbekümmert, lässig

• **Nonverbal**: Adjektiv; nicht mithilfe der Sprache, sondern durch Gestik, Mimik oder optische Zeichen vermittelt

• **Obligat**: Adjektiv; unerlässlich, erforderlich; regelmäßig dazugehörend, mit etwas auftretend; üblich, unvermeidlich

• **Obligatorisch**: Adjektiv; durch ein Gesetz o. Ä. vorgeschrieben, verbindlich; obligat (im spöttischen Gebrauch)

• **Obskur**: Adjektiv; (nicht näher bekannt und daher) fragwürdig, anrüchig, zweifelhaft

• **Obsolet**: Adjektiv; nicht mehr gebräuchlich; nicht mehr üblich; veraltet; überflüssig

• **Olfaktorisch**: Adjektiv; den Geruchssinn, den Riechnerv betreffend

• **Ominös**: Adjektiv; von schlimmer Vorbedeutung; unheilvoll; bedenklich, zweifelhaft; berüchtigt

• **Opulent**: Adjektiv; (von Essen und Trinken) sehr reichlich und von vorzüglicher Qualität; mit großem Aufwand (gestaltet); üppig

• **Panchromatisch**: Adjektiv; (Filmmaterial) empfindlich für alle Farben und Spektralbereiche

• **Paradigma**: Substantiv; Beispiel, Muster; Erzählung mit beispielhaftem Charakter; Gesamtheit der Formen der Flexion eines Wortes, besonders als Muster für Wörter, die in gleicher Weise flektiert werden (Sprachwissenschaft)

• **Paradox**: Adjektiv; einen (scheinbar) unauflöslichen Widerspruch in sich enthaltend; widersinnig, widersprüchlich; sehr merkwürdig; ganz und gar abwegig; unsinnig

- **Paradox**: Substantiv; etwas, was ein Widerspruch in sich enthält, paradox ist
- **Paradoxie**: Substantiv; paradoxer Sachverhalt; etwas Widersinniges, Widersprüchliches
- **Partout**: Adjektiv; unter allen Umständen; unbedingt
- **Pathetisch**: Adjektiv; voller Pathos, (übertrieben) feierlich, allzu gefühlvoll
- **Prägnant**: Adjektiv; etwas in knapper Form genau treffend, darstellend
- **Präventiv**: Adjektiv; vorbeugend, verhütend; eine bestimmte, nicht gewünschte Entwicklung verhindernd
- **Präzisieren**: Verb; so beschreiben, formulieren o. Ä., dass das Genannte sehr viel eindeutiger, klarer und genauer ist als vorher
- **Produktiv**: Adjektiv; viel (konkrete Ergebnisse) hervorbringend, ergiebig; schöpferisch
- **Profitabel**: Adjektiv; gewinnbringend, einträglich
- **Prokrastinieren**: Verb; aufschieben, vertragen
- **Prolet**: Substantiv; jemand, der keine Umgangsformen hat
- **Promoten**: Verb; für jemanden, etwas Werbung betreiben, Reklame machen
- **Prononcieren**: Verb; (öffentlich) aussprechen, erklären; mit Nachdruck aussprechen, stark betonen
- **Querulant**: Substantiv; Person, die sich unnötigerweise beschwert und dabei starrköpfig auf ihr (vermeintliches) Recht pocht
- **Quintessenz**: Substantiv; Wesentliches, Wichtiges; Hauptgedanke, Hauptinhalt
- **Rasant**: Adjektiv: durch (staunenerregende) hohe Geschwindigkeit gekennzeichnet, bspw. Autos, besondere Vorgänge, Entwicklungen
- **Rätselhaft**: Adjektiv; nicht durchschaubar, in Dunkel gehüllt, voller Rätsel
- **Redundant**: Adjektiv; Redundanz aufweisend; überreichlich (vorhanden)
- **Redundanz**; Substantiv; das Vorhandensein von eigentlich überflüssigen, für die Information nicht notwendigen Elementen; Überladung mit Merkmalen
- **Registrieren**: Verb; in ein Verzeichnis, eine Kartei, ein (amtlich geführtes) Register ein-tragen; selbsttätig feststellen und automatisch aufzeichnen
- **Rekursiv**: Adjektiv; (bis zu bekannten Werten) zurückgehend; (bei der Bildung von Sätzen) auf Regeln, die mehr als einmal bei der Bildung eines Satzes anwendbar sind, zu-rückgreifen
- **Relativieren**: Verb; zu etwas anderem in Beziehung setzen und dadurch in seinem Wert o.

Ä. einschränken

- **Repertoire**: Substantiv; Gesamtheit von literarischen, dramatischen, musikalischen Werken oder artistischen o. Ä. Nummern, Darbietungen, die einstudiert sind und jederzeit gespielt, vorgetragen oder vorgeführt werden können

- **Reputation**: Substantiv; (guter) Ruf

- **Resolut**: Adjektiv; sehr entschlossen und mit dem Willen, sich durchzusetzen; in einer Weise sich darstellend, sich äußernd, die Entschlossenheit, Bestimmtheit zum Ausdruck bringt

- **Ressentiment**: Substantiv; auf Vorurteilen, einem Gefühl der Unterlegenheit, Neid o. Ä. beruhende gefühlsmäßige, oft unbewusste Abneigung

- **Reversibel**: Adjektiv; umkehrbar

- **Revidieren**: Verb; auf seine Richtigkeit, Korrektheit, seinen ordnungsgemäßen Zustand o. Ä. hin prüfen, durchsehen; auf etwas hin kontrollieren, durchsuchen; etwas, von dem erkannt wurde, dass es so nicht (mehr) richtig ist, korrigieren; nach Überprüfung (ab)ändern; überholen, wieder instand setzen

- **Revision**: Substantiv; das Revidieren; Durchsuchen, Kontrolle; das Durchsehen, Prüfen eines Abzugs auf die ordnungsgemäße Ausführung der Korrekturen hin; Änderung

- **Rezeptiv**: Adjektiv; (nur) aufnehmend, empfangend; empfänglich

- **Reziprok**: Adjektiv; wechselseitig, gegenseitig (erfolgend), aufeinander bezüglich

- **Rhetorik**: Substantiv; Redekunst; Lehre von der wirkungsvollen Gestaltung der Rede; Lehrbuch der Redekunst

- **Rigide**: Adjektiv; steif, starr; streng, unnachgiebig

- **Rudimentär**: Adjektiv; noch als Rudiment vorhanden; unvollständig, unvollkommen, nur in Ansätzen (vorhanden), unzureichend; nur (noch) als Anlage, im Ansatz, andeutungs-weise vorhanden, unvollständig (entwickelt)

- **Salomonisch**: Adjektiv; einem Weisen entsprechend ausgewogen, Einsicht zeigend; weise

- **Sardonisch**: Adjektiv; (vom Lachen, Lächeln o. Ä.) boshaft, hämisch und fratzenhaft verzerrt

- **Schlagfertigkeit**: Substantiv; Fähigkeit, schnell und mit passenden, treffenden, witzigen Worten auf etwas zu reagieren

- **Semantik**: Teilgebiet der Linguistik, das sich mit den Bedeutungen sprachlicher Zeichen und Zeichenfolgen befasst

- **Separat**: Adjektiv; als etwas Selbstständiges von etwas anderem getrennt; für sich;

gesondert

• **Separieren**: Verb; absondern, trennen

• **Souverän**: Adjektiv; (aufgrund seiner Fähigkeiten) sicher und überlegten (im Auftreten und Handeln); (auf einen Staat oder dessen Regierung bezogen) die staatlichen Hoheits-rechte ausübend; Souveränität besitzend

• **Statisch**: Adjektiv; keine Bewegung, Entwicklung aufweisend; das von Kräften erzeugte Gleichgewicht betreffend (in der Physik)

• **Stringent**: Adjektiv; aufgrund der Folgerichtigkeit sehr einleuchtend, überzeugend; logisch zwingend, schlüssig

• **Süffisant**: Adjektiv; ein Gefühl von (geistiger) Überlegenheit genüsslich zur Schau tragend, selbstgefällig, spöttisch-überheblich

• **Suggerieren**: Verb; jemandem etwas (ohne dass ihm dies bewusst wird) einreden oder auf andere Weise eingeben (um dadurch seine Meinung, sein Verhalten o.Ä. zu beeinflussen); ein-flüstern

• **Surrogat**: Substantiv; Stoff, Mittel o. Ä. als behelfsmäßiger, nicht vollwertiger Ersatz; Er-satz für einen Gegenstand, Wert

• **Sympathie**: Substantiv; aufgrund gewisser Übereinstimmung, Affinität positive gefühlsmäßige Einstellung zu jemandem, einer Sache

• **Synonym**: Adjektiv; mit einem anderen Wort oder einer Reihe von Wörtern von gleicher oder ähnlicher Bedeutung, sodass beide in einem bestimmten Zusammenhang aus-tauschbar sind; sinnverwandt

• **Tai-Chi**: Substantiv; (in der chinesischen Philosophie): Urgrund des Seins, aus dem alles entsteht; (aus einer chinesischen Technik der Selbstverteidigung hervorgegangene) Abfolge von Übungen mit langsamen, fließenden Bewegungen von meditativem Charakter; Schattenboxen

• **Theatralik**: Substantiv; theatralische Art, theatralisches Wesen

• **Theatralisch**: Adjektiv; das Theater, die Schauspielkunst betreffend; in seinem Gehaben, seinen Äußerungen gespreizt-feierlich, pathetisch

• **Theoretisieren**: Verb; theoretische Überlegungen anstellen

• **Traktieren**: Verb; mit etwas Unangenehmen, als unangenehm Empfundenem auf jemanden, etwas einwirken; jemandem etwas in reichlicher Menge anbieten (veraltet)

• **Transzendenz**: Substantiv; jenseits der Erfahrung, des Gegenständlichen Liegendes; Überschreitung der Grenzen von Erfahrung und Bewusstsein, des Diesseits

• **Transzendieren**: Verb; die Grenzen eines Bereichs übersteigen

• **Triade**: Substantiv; wortreiche, geschwätzige (nichtssagende) Äußerung; Wortschwall

• **Tristesse**: Substantiv; Traurigkeit, Melancholie, Schwermut, Trostlosigkeit, Freudlosigkeit

• **Trivial**: Adjektiv; im Ideengehalt, gedanklich, künstlerisch recht unbedeutend, durchschnittlich; platt, abgedroschen; alltäglich, gewöhnlich; nichts Auffälliges aufweisend

• **Typus**: Substantiv; Typ; Urgestalt, Grundform, Urbild, das ähnlichen oder verwandten Dingen oder Individuen zugrunde liegt; als klassischer Vertreter einer bestimmten Kategorie von Menschen gestaltete, stark stilisierte, keine individuellen Züge aufweisende Figur

• **Übersprungshandlung**: (bei Mensch und Tier) in einer Konfliktsituation auftretende Handlung oder Verhaltensweise ohne sinnvollen Bezug auf diese Situation

• **Ubiquitär**: Adjektiv; überall verbreitet

• **Unilateral**: Adjektiv; einseitig, nur eine Seite betreffend, von dieser ausgehend

• **Unverblümt**: Adjektiv; ganz offen; nicht in höflicher, vorsichtiger Umschreibung oder Andeutung

• **Urban**: Adjektiv; gebildet, weltgewandt, weltmännisch; städtisch, für die Stadt, für städtisches Leben charakteristisch

• **Usurpator**: Substantiv; jemand, der widerrechtlich die (Staats)gewalt ans ich reißt, be-sonders den Thron usurpiert

• **Usurpieren**: Verb; widerrechtlich die Macht, die (Staats)gewalt an sich reißen

• **Utopisch**: Adjektiv; nur in der Vorstellung, Fantasie möglich; mit der Wirklichkeit nicht vereinbar, (noch) nicht durchführbar; fantastisch

• **Vakant**: Adjektiv; im Augenblick frei, nicht besetzt, offen

• **Validieren**: Verb; die Wichtigkeit, die Gültigkeit, den Wert von etwas feststellen, bestimmen

• **Variieren**: Verb; in verschiedenen Abstufungen voneinander abweichen, unterschiedlich sein; leicht abwandeln, teilweise anders machen

• **Verbos**: Adjektiv; wortreich

• **Veritabel**: Adjektiv; der wahren Bedeutung der angewandten Bezeichnung genau entsprechend; wahrhaft, echt wirklich

• **Verleumden**: Verb; über jemanden Unwahres verbreiten mit der Absicht, seinem Ansehen zu schaden; diffamieren

• **Verpönt**: Adjektiv; unerwünscht

- **Verspotten**: Verb; über jemanden, etwas spotten, ihn bzw. es zum Gegenstand des Spottes machen

- **Virtuos**: Adjektiv; eine souveräne, vollendete Beherrschung einer Sache, (künstlerische) Fähigkeiten erkennen lassend; meisterlich

- **Wortschatz**: Substantiv; Gesamtheit der Wörter einer Sprache; Gesamtheit der Wörter, über die ein Einzelner verfügt

- **Xerotisch**: Adjektiv; (Medizin) trocken, eingetrocknet

- **Yoga**: Substantiv; indische philosophische Lehre, die durch Meditation, Askese und bestimmte körperliche Übungen den Menschen vom Gebundensein an die Last der Körperlichkeiten befreien will; Gesamtheit der Übungen, die aus dem Yoga herausgelöst und zum Zwecke einer gesteigerten Beherrschung des Körpers, der Konzentration und Entspannung ausgeführt werden

- **Yuppie**: Substantiv; junger, karrierebewusster, großen Wert auf seine äußere Erscheinung legender Stadtmensch, Aufsteiger

- **Zampano**: Substantiv; Mann, der durch übertriebenes, prahlerisches Gebaren beeindrucken will oder den Eindruck erweckt, Unmögliches möglich machen zu können

- **Zäsur**: Substantiv; metrischer Einschnitt innerhalb eines Verses (Verslehre); Einschnitt (besonders in einer geschichtlichen Entwicklung); markanter Punkt

- **Zeche**: Substantiv; Rechnung für genossene Speisen und Getränke in einer Gaststätte

- **Zyklisch**: Adjektiv; einem Zyklus entsprechend, in Zyklen sich vollziehend; einen Zyklus bildend; auf einer bestimmten, sich aus dem Inhalt ergebenden Folge beruhend; kreis-, ringförmig; den Zyklus betreffend, ihm entsprechend, auf ihm beruhend

- **Zyklus**: Substantiv; kreisförmig in sich geschlossene Folge zusammengehöriger Vorgänge; Kreislauf regelmäßig wiederkehrender Dinge oder Ereignisse

- **Zynisch**: Adjektiv; auf grausame, den Anstand beleidigende Weise spöttisch; eine gefühllose, mitleidlose, menschenverachtende Haltung zum Ausdruck bringend, die besonders in bestimmten Angelegenheiten, Situationen als konträr, paradox und als jemandes Gefühle verachtend und verletzend, empfunden wird

Quellenverzeichnis

In diesem Abschnitt finden Sie die Quellenangaben des Buches in alphabetischer Reihenfolge sortiert.

- Buch: Anne-Elizabeth Herz: Ausdrucksweise verbessern
- Buch: Constantin Kramer: Ausdrucksweise verbessern; E/B Verlag
- Buch: Michael Heitmann: Wortschatz erweitern
- Paul Watzlawick: https://www.paulwatzlawick.de/axiome.html
- Sprachentstehung: https://www.swr.de/wissen/1000-antworten/kultur/wie-ist-die-menschliche-sprache-entstanden-100.html
- Sprachentwicklung: https://www.mpg.de/9966424/sprachentwicklung-kinder-ueberblick
- Stilmittel: https://studyflix.de/deutsch/stilmittel-2676
- Worte und Fachbegriffe: www.duden.de

Wir danken Ihnen für Ihr Interesse und Ihr Vertrauen. Als Dankeschön dafür, haben wir eine besondere Überraschung. Sie möchten Ihre Ausdrucksweise verbessern und andere mit Wortgewandtheit überzeugen? Wir helfen Ihnen mit **14 einzigartigen Übungen** dabei. Das Beste: Sie erhalten diese vollkommen kostenlos. Das klingt wunderbar? Dann warten Sie nicht lange und holen Sie sich Ihr Gratis-Geschenk.

Hier geht es zu Ihrem Gratis-Geschenk:

https://forms.gle/TzaR3miPHJCrSjxL6

1. **Öffnen Sie die Kamera-App auf Ihrem Smartphone und richten Sie die Kamera auf den QR-Code.**
2. **Klicken Sie auf den Link, der Ihnen angezeigt wird und schon werden Sie zur Website weitergeleitet.**

Impressum

Herausgeber: Orbita Media Verlag GmbH & Co. KG / Ericusspitze 4 / 20457 Hamburg
Kontakt: kontakt@empireofbooks.de
Website: https://empireofbooks.de
Coverbild: Shutterstock

Haftungsausschluss:
Die Nutzung dieses Buches und die Umsetzung der enthaltenen Informationen, Anleitungen und Strategien erfolgt auf eigenes Risiko. Der Autor kann für etwaige Schäden jeglicher Art aus keinem Rechtsgrund eine Haftung übernehmen. Haftungsansprüche gegen den Autor für Schäden materieller oder ideeller Art, die durch die Nutzung oder Nichtnutzung der Informationen bzw. durch die Nutzung fehlerhafter und/oder unvollständiger Informationen verursacht wurden, sind grundsätzlich ausgeschlossen. Rechts- und Schadenersatzansprüche sind daher ausgeschlossen. Dieses Werk wurde sorgfältig erarbeitet und niedergeschrieben. Der Autor übernimmt jedoch keinerlei Gewähr für die Aktualität, Vollständigkeit und Qualität der Informationen. Druckfehler und Falschinformationen können nicht vollständig ausgeschlossen werden. Es kann keine juristische Verantwortung sowie Haftung in irgendeiner Form für fehlerhafte Angaben vom Autor übernommen werden. Die bereitgestellten Analysen, Vorschläge, Ideen, Meinungen, Kommentare und Texte sind ausschließlich zur Information bestimmt und können ein individuelles Beratungsgespräch nicht ersetzen. Alle Informationen dieses Buches entsprechen dem Kenntnisstand zum Zeitpunkt des Verfassens dieses Buches. Eine Haftung für mittelbare und unmittelbare Folgen aus den Informationen dieses Buches ist somit ausgeschlossen.
Informieren Sie sich weitläufig aus unterschiedlichen Quellen und bedenken Sie, dass am Ende nur Sie für die Entscheidungen verantwortlich sind.

Haftung für externe Links:
Unser Angebot enthält Links zu externen Websites Dritter, auf deren Inhalte wir keinen Einfluss haben. Deshalb können wir für diese fremden Inhalte auch keine Gewähr übernehmen. Für die Inhalte der verlinkten Seiten ist stets der jeweilige Anbieter oder Betreiber der Seiten verantwortlich. Die verlinkten Seiten wurden zum Zeitpunkt der Verlinkung auf mögliche Rechtsverstöße überprüft. Rechtswidrige Inhalte waren zum Zeit-punkt der Verlinkung nicht erkennbar.